할 말이 감정이 되지 않게

할 말이 감정이 되지 않게

지은이 장동혁

1판 1쇄 인쇄 2026년 2월 12일
1판 1쇄 발행 2026년 3월 10일

펴낸곳 (주)지식노마드
펴낸이 노창현
본문 및 표지 디자인 박재원
등록번호 제313-2007-000148호
등록일자 2007. 7. 10

(04032) 서울특별시 마포구 양화로 133, 1201호(서교동, 서교타워)
전화 02) 323-1410
팩스 02) 6499-1411
이메일 knomad@knomad.co.kr

값 16,800원
ISBN 979-11-92248-42-4 03180

할 말이 감정이 되지 않게

둥글게 말해도 뾰족하게
오해받는 사람을 위한 관계의 심리학

장동혁
지음

말할수록 거리가
멀어진다면

태어나자마자 우리는 누군가의 자녀가 되고, 자라며 친구와 동료로 살아간다. 삶이 내 뜻대로 그려지지 않는 이유다. 그런 면에서 관계는 우리에게 선택이 아닌 숙명이다. 관계는 단순히 바라는 것을 얻기 위한 수단을 넘어, 삶의 방향과 의미 그리고 인생의 격을 좌우한다.

그런 관계가 때로 우리를 버겁게 한다. 대체할 수 없는 사람일수록 말 한마디의 무게는 커지고, 그 말에 실린 감정은 쉽게 왜곡된다. 소중한 이들과의 관계에서 오는 괴로움에 대해 일본의 한 작가는 이렇게 표현했다.

"가족이란 아무도 보지 않을 때 몰래 내다버리고 싶은 존재다."

이 책은 바로 그 지점에서 시작된다. 서로의 말이 감정 섞인 공격으로 읽히고 서늘한 거리감이 느껴질 때, 우리는 관계를 어떻게 다시 바라볼 수 있을까. 이 책은 말이 감정이 되기 전, 가장 따뜻했던 우리로 회복하기 위한 여정을 그리고 있다. 그 과정에서 우리가 염두에 둘 것은 상대를 다루는 요령이 아니라 함께 평화를 유지하는 법이다.

그 길로 접어들기 위해 기억해야 할 다섯 개의 'ㄱ'이 있다.

첫째, 관계_ 관리된 평화를 향하여

말과 행동이 쌓이며 만들어지는 관계는 조화와 평화, 그리고 불화(갈등) 사이를 끊임없이 오간다. 우리가 지향해야 할 지점은 피상적인 조화도, 파괴적인 불화도 아닌 '관리된 평화'다. 평화란 단지 갈등이 없는 관계가 아니라, 강압이나 희생 없이 서로의 생각과 마음을 나누는 상태다. 이때 우리는 가장 적은 비용으로 가장 많은 것을 나누게 되고, 자아도 성장한다. 평화는 저절로 주어지지 않는다. 관계를 이해하고 관리할 때 비로소 얻어지는 결실이다.

둘째, 감정_ 안과 밖을 살피는 감수성

감정은 우리를 움직이는 강력한 동인이다. 이를 제대로 다루지 못할 때 평화는 쉽게 깨진다. 자신의 감정을 이해하고 상대의 감정을 헤아릴 줄 아는 감수성은 관계의 성능을 유지하기 위해 반드시 필요한 자산이며, 성숙한 사람의 주된 특징이다. 그런 이가 곁에 있다는 것은 큰 행운이다.

셋째, 거리_ 밀착의 비극을 막는 완충지대

가까워지고 싶은 마음은 자연스럽다. 그러나 지나친 밀착은 비극을 낳는다. 너무 가까우면 상대는 보이지 않는다. '내가 얼마나 힘든지', '얼마나 애쓰고 있는지'에만 매몰되기 때문이다. 사람을 힘들게 하는 것은 사람이 아니라 거리다. 관계가 숨을 쉬기 위해서는 감정의 완충지대 즉, 적절한 거리가 필요하다.

넷째, 갈등_ 변화가 필요함을 알리는 신호

갈등은 관계 실패가 아니다. 그보다는 거리 조절이 어긋났거나 감정이 앞서고 있다는 알림이다. 이를 방치하면 갈등은 스스로 힘을 키워 관계를 파고들지만, 제대로 다룬다면 비 온 뒤 땅이 굳듯 관계는 한층 더 깊어진다.

마지막으로, 게임_ 여유로 이끄는 시선

갈등이라는 좁은 프레임에서 우리를 벗어나게 하는 것은 게임 뷰(Game View)다. 관계를 무거운 다큐멘터리로 보기보다는 여러 요소들이 맞물려 돌아가는 게임으로 바라보는 것이다. 진지함의 늪에 빠져 "이게 사과할 일인가?"를 묻기보다 "아, 지금이 꼬인 관계를 푸는 타이밍이구나"라

© 장동혁

고 판단해 가볍게 움직일 때 여유가 생긴다. 이는 관계를 가벼이 여기는 태도가 아니다. 아집과 감정이라는 '프론트 맨'의 손에서 벗어나 관계를 주체적으로 이끄는 플레이어가 되겠다는 선언이다.

이 책은 당신의 말이 날 선 감정이 되어 관계를 무너뜨리거나, 녹아버린 아이스크림처럼 엉겨 붙어 삶을 혼란하게 만들지 않도록 돕는 안내서다.

이제부터 관계라는 게임에서 '평화'라는 값진 보상을 얻기 위한 여정을 시작해보자.

보이지 않는 건

관리할 수도 없다

© 장동혁

1장

서운해하지 말고
솔직하게 말하라

상대가 모르게

조용히 옮겨라

여름휴가를 떠나려는데 냉동 굴 배송 안내 문자가 왔다. 대신 받아줄 사람이 필요했다. 이웃 몇 명과 관리소장을 두고 고민하다, 관리소장에게 부탁하기로 했다. 다소 당황한 기색을 보이긴 했지만 제품 크기를 묻더니 이내 승낙했다. 이후 휴가지에서 받은 '배송 완료' 문자도 전달했다. 답은 없었지만 별일 없겠거니 생각해 그냥 넘겼다.

그러나 귀가 후 현관 앞에서 나를 맞은 건 녹아버린 굴 상자였다. 황당했다. 당장 따지러 가려다 마음을 고쳐먹었다. 감정이 올라온 상태에서 만나봐야 좋을 게 없다는 판단에서였다. 3년간 쌓아온 친분 때문에 실망은 더 컸다. 그날로 소장은 마음속 관계망에서 '친구'가 아닌 '지인'으로 옮겨졌다.

2주쯤 지나 엘리베이터에서 그를 마주쳤다.

"그날 굴이 다 녹았더라고요."

그는 얼굴을 붉히며 보상하겠다고 했지만 나는 웃으며 말했다.

"아니에요. 그럴 수도 있죠."

며칠 뒤 관리비가 이중으로 빠져나가는 일이 생겼다. 납부 은행을 변경하는 과정에서 생긴 문제였다. 관리소를 방문하니 소장은 반갑게 맞으며 커피를 내주었다. 그는 "납부완료됐다면 관리소 소관이 아니지만, 한번 알아볼게요"라며 직접 나섰다. 두 시간 뒤 잘못 이체된 관리비가 통장으로 들어왔다. 소장실을 나오며 생각했다. 굴 택배 사건이 있던 날 그를 감정적으로 대했다면 어땠을까? 관리비 문제는 훨씬 복잡하게 흘러갔을 것이다. 다행히 관계의 수를 소리 없이 둔 덕분에 감정소모 없이 수월하게 처리할 수 있었다.

살면서 우리는 수많은 사람을 만나고, 그렇게 해서 만들어진 인맥은 끊임없이 변화한다. 동료가 친구가 되기도 하고, 친구가 지인이 되기도 하며, 반대로 지인이 친구로 가까워지기도 한다. 중요한 것은 그 변화를 굳이 상대에게 알릴 필요가 없다는 사실이다.

"어쩜 네가 그럴 수 있어? 우리 관계는 끝이야."

대놓고 말하면 속은 후련할지 몰라도 수를 들킨 것이나 마찬가지다. 심지어 공개적으로 절연을 선언하기도 한다.

"알고 보니 그 사람 못쓰겠더라고."

이런 선포는 찰나의 동조를 얻을지는 몰라도 실상은 자신의 패를 노출하는 악수에 가깝다. 한번 내뱉은 말은 상황이 달라질 때 돌아설 여지를 끊는 족쇄가 되기도 한다. 훗날 필요에 의해 다시 마주해야 할 때 그 말은 발목을 잡아 다음 수를 두지 못하게 한다.

비난의 수위가 높을수록 듣는 이는 말하는 이의 밑천을 읽는다. "이 사람은 감정이 격해지면 앞뒤 재지 않고 패를 드러내는구나." 진정한 고수는 인간관계의 수를 입으로 두지 않는다. 마음속에서 조용히 말을 옮길 뿐이다.

'조용히 움직이라'는 말은 단순히 판단을 미루라는 조언이 아니다. 그것은 이미 내려진 결론을 어떻게 실행할 것인가의 문제다. 관계의 재분류가 이루어졌다고 해서 그 결과를 소리 내어 알릴 필요가 없다. 말 대신 태도를 조정하면 된다. 인맥은 순수한 감정의 영역이기 전에 때로는 전략의 영역이기도 하다.

관계를 풀어가는 데 또 하나의 팁이 있다. 기왕 사례하기로 마음먹었다면 나중의 '깜짝쇼'보다 미리 하는 '화끈쇼'가 낫다. 당시 나는 돌아와서 굴 절반을 사례할 생각이었다. 하지만 그보다는 부탁할 때 "절반은 소장님 드세요"라고 인사를 했다면 어땠을까. 도움을 주는 손과 마음이 훨씬 가볍지 않았을까.

관계는 체스판과 같다. 말은 상대편 모르게 조용히 옮겨라.

아무도

의도하지 않았어

사회초년생 시절, 외부에서 파견 온 연구원과 프로젝트를 진행한 적이 있다. 또래에다 말도 잘 통해 금세 친해졌고, 세 달간 협업이 끝난 뒤 그는 자기 회사로 돌아갔다. 1년쯤 지나 지방의 한 대학 공모사업 정보를 입수했을 때 그가 떠올랐다. 담당자를 소개해 주겠다고 하니 좋다고 했고 그렇게 그의 차로 내려가게 되었다. 오랜만의 만남에 차 안은 웃음으로 가득했다.

그러다 휴게소에 들렀다. 때마침 학교에서 전화가 오는 바람에 나는 차에 남아 통화를 하게 됐고, 지인 먼저 휴게소로 향했다. 긴 통화를 마친 뒤 창밖을 보니 그가 커피를 마시며 다가오고 있었다. 그런데 내 것은 없었다.

그가 문을 열며 말했다. "가실까요?"

얼떨결에 나는 "아! 네⋯"하고 대답하고 말았다. 그 순간 차 안의 공기가 확 식었다. 말문이 막히고 마음도 식었다.

'이건 뭐지? 누구 때문에 가는 건데⋯'

친구였다면 "너만 입이냐?"라며 타박이라도 했겠지만 그럴 만한 사이도 아니었다. 그저 아무 일 없다는 듯 목적지까지 가는 수밖에.

이 경험을 강의에서 들려주면 대개는 "배려심이 없다"며 내 편을 든다. 간혹 "문제없다"는 반응도 나온다. 한번은 이런 주제를 왜 나눠야 하는지 모르겠다는 사람이 있었다. 알고 보니 미국에서 오래 살다 온 사람이었다. 서양 문화권에서는 묻지도 않고 챙겨주는 행동이 오히려 '침범'으로 느껴질 수 있단다. 심지어 사다주는 게 문제라는 반응도 있었다. 청소년들이다. "괜히 사왔다가 취향이 안 맞으면 어쩌죠?" "아침에 커

피를 잔뜩 마셨을 수도 있잖아요.” 그러니 각자 알아서 하는
게 좋단다.

　　이런저런 의견을 들으며 깨달았다. 모든 문제는 주관적이
라는 사실을. 그때, 그 순간 나에게 문제였을 뿐이다. 나는 당
연히 동행자도 챙겨야 한다고 믿었고 그는 각자 알아서 하는
게 좋다고 생각했다. 문제는 이 차이가 해프닝으로 끝나지 않
고 갈등으로 번질 때 생긴다.
　　그의 손에 들린 커피를 보기 전까지만 해도 나는 반가움으
로 들떠 있었다. 그러다 자기 것만 챙겼다는 사실을 안 순간
마음이 가라앉았다. 그로 인해 불편함 속에서 두 시간을 보내
야 했다. 당혹감, 서운함, 어색함… 일종의 정신적 스크래치를
입은 셈이다. 이 불편함이 갈등으로 번지는 경우는 책임을 상
대에게 돌릴 때다. ‘누구 때문에 여기까지 왔는데, 어떻게 그
럴 수 있지?’ 그러다 ‘절대 진리’의 환상에 빠지기도 한다. 내
생각이 절대적으로 옳고, 상대는 그 사실을 반박할 수 없다고
믿는 인지적 오류다. 만약 당시 그와 다퉜다면 나는 이렇게
외쳤을지도 모른다. “지나가는 사람 다 붙들고 물어 봐. 내 말
이 맞다고 하지!”

나도 그도 의도적이지 않았다. 내가 그렇듯 상대 또한 고의로 나에게 상처를 준 게 아니라는 것이다. 우리는 자기가 받은 상처에 매몰돼 흔히 이렇게 말한다. "너는 그렇게 하지 말았어야 했어. 그런데 넌 그렇게 했고 나는 피해를 입었어. 넌 보상해야 돼." 마치 상대가 의도적으로 했다는 식이다. 우리는 나에게 상처 주는 사람의 말과 행동에 너무 많은 의미를 부여하는데, 대개 상대는 어떤 악의 없이 자신의 경험과 가치관을 표현했을 뿐이다. 각자의 틀 안에서 한 말과 행동이 누군가에게는 비난이나 무시처럼 느껴질 수 있지만, 실상은 오해에 불과한 경우가 많다. 만약 고의로 그랬다면 그것은 갈등이 아니라 범죄다. 갈등은 악의가 아니라, 기준과 해석의 차이에서 생긴다.

모든 문제는 주관적이다. 그 순간 나에게 문제일 뿐이다. 이 사실을 아는 순간 커피 한 잔 때문에 생긴 상처는 웃고 넘길 만한 에피소드로 변한다.

상대가 기분 나쁘면 그건

기
분
나
쁜
거
다

식사 중 남자 친구가 다른 여자의 깻잎을 젓가락으로 눌러준다면? 잊을 만하면 등장하는, 이른바 깻잎 논쟁이다.

"한 장까지는 괜찮다."

"그 순간 눈빛이 중요하다."

"밥에 얹어주지만 않으면 된다."

식사가 끝난 뒤 여자는 곱지 않은 시선을 보낸다. 남자는 억울하다는 듯 눈치를 본다. 그때 여자가 쏘아붙인다. "관심

있으면 말해. 내가 소개시켜 줄게.”

이 웃픈 비극은 ‘저지른 일’과 ‘당한 일’ 사이 감정적 피해에 대한 인식 차이에서 비롯된다. 저지른 쪽은 말한다. “별 뜻 없었어.” 당한 쪽이 따진다. “그게 어떻게 아무 일도 아니야?”

모든 화학 반응에서 질량은 변하지 않는다. 그러나 감정 세계는 다르다. 깻잎을 2초간 눌러준 행동(행동의 질량)이 누군가에게는 몇 배 무거운 배신감(감정의 질량)으로 되돌아온다.

감정의 질량은 매번 우리 예상을 뛰어넘는다. 흥분한 두 사람은 누가 더 타당한지 따지기 위해 ‘객관의 신전’으로 향한다. 맨 먼저 그들을 맞이하는 건 상식과 매너의 사제다.

“어떻게 여자 친구 두고 그럴 수 있어? 매너도 몰라?”

“곤란해 하길래 눌러준 것뿐이야. 상식적으로 생각해.”

여기서 문제가 풀리는 경우는 드물다. 이에 다음 사제를 찾는다. 도덕의 사제다.

“너는 도리도 몰라?”

“깻잎 하나 가지고 무슨 도리가 나와.”

그러다 격해지면 이 말까지 등장한다.

“그러고도 네가 사람이야?”

대화가 더는 의미 없다고 느낄 때 찾는 것이 법의 사제다. 여기까지 오면 관계는 회복 불가능한 지경에 이른다. 그런데 엄격하고 논리정연한 법에도 해석의 여지는 남는다.

"깻잎 눌러준 게 위법인가요? 개인의 자유 아닌가요?"

"내 피해가 그것 밖에 안 된다고요?"

이때 객관의 신전 꼭대기에서 차가운 시선으로 소란을 내려다보는 신이 있다. 과학이다.

"깻잎을 얼마의 힘으로, 몇 초간 눌렀죠?"

감정은 수치나 증거와는 거리가 멀다. 모든 객관적 잣대는 감정의 돌변반응 앞에서는 무력하다. 더군다나 일상 속 다툼은 과학의 영역이 아닌 인간들이 만들어내는 '이야기'의 문제다. 과학처럼 누구나 끄덕이는 정답은 없다. 감정은 깔끔한 방정식이 아니다.

다시 깻잎 논쟁으로 돌아가보자. 문제의 발단은 다른 이성을 위해 2초간 깻잎을 눌러준 행동이다. 그때 남자 얼굴에 홍조라도 번졌다면, 여자의 분노는 몇 배 더 치솟았을 것이다. 행동 그 자체보다 행동에 대한 해석이 감정의 질량을 폭발적으로 증가시킨다. 이 연쇄반응을 막는 방법은 단 하나, 억울하더라도 상대 감정을 먼저 인정하는 것이다. 상대가 기분 나빴다면 그건 기분 나쁜 거다.

"그게 뭐가 기분 나쁠 일인데?"

감정을 순식간에 증폭시키는 휘발성 반응이다.

"그래, 속상했겠네. 그 생각은 미처 못 했어, 미안."

이 인정 화법 하나가 해결의 물꼬를 튼다. 공감과 책임이라는 무게가 담겨 있기 때문이다. 비상사태에서 진정성을 따질 여유는 없다. 내 기분을 인정받았다는 사실 하나만으로도 감정의 불길은 잦아든다.

그럼에도 여전히 상대가 감정을 풀지 못했다면 서둘러 화해를 끌어내려 하기보다는 시간을 갖는 편이 낫다. 감정은 인정받았다고 해서 곧바로 가라앉지 않는다. 정리할 시간도 필요하다.

"기다릴게." 이 한마디가 상대에게는 배려로 다가온다. "이 사람은 내 감정을 가볍게 여기지 않네." 이 확신을 주는 게 핵심이다. 감정은 이성의 말에 귀 기울이지 않는다. 그래서 감정인 것이다.

정약용 선생도 인간관계는 어려웠다

덕산리땅 사기 건은 추심할 방법이 없을까요? 백운동 땅 이중 매매는 서류가 있으니 소송하는 게 좋겠습니다. 제자들과 만든 모임 '다신계茶信契'는 차라리 '무신계無信契'가 낫겠어요. 이자도 안 보내고 차도 안 보내니 답답합니다.*

1835년 어느 봄날, 정약용은 유배지에서 사귄 벗 윤규노

---

* 정민 저, 《삶을 바꾼 만남》, 문학동네, 2011년, 396~397쪽을 참고하여 집필 목적에 부합하도록 발췌, 변형 및 재구성한 것임.

에게 편지를 쓴다. 거기에는 제자들에 대한 깊은 탄식이 담겨 있었다. 사제 간 존경과 의리는 사라지고 첨예한 이해관계만 남았다는 절망감이 곳곳에 스며 있다. 도대체 스승과 제자 사이에 무슨 일이 있었던 걸까?

한양에서 고위 관료가 유배 왔다는 소문이 마을에 돌았다. 호기심에 찬 더벅머리 소년들이 다산의 집 담장 너머를 기웃거렸다. 그렇게 시작된 사제의 연은 18년간 이어졌고, 글과 토론으로 밤을 새우며 500여 권의 저술을 완성했다. 이때만 해도 스승과 제자의 꿈은 하나, 세상을 바꾸어 백성을 이롭게 하는 것이었다.

그러나 다산이 해배되면서 상황은 달라졌다. 전별연이 벌어졌고, 사제 간 연을 이어가자는 뜻에서 다신계(茶信契: 다산초당에서 맺은 신의를 지키자는 의미의 계)도 만들었다. 제자들이 스승의 자산을 맡아 관리하고 거기서 생기는 수익을 부치기로 한 것이다. 신뢰가 있기에 가능한 일이었다. 그때만 해도 훗날 이것이 갈등의 불씨가 될 줄은 아무도 알지 못했다.

문제는 공(功)을 바라보는 시각이었다. 황혼의 스승에게 500권의 저술은 인생의 결실이었다면, 한창인 제자들에게는 이제 막 싹을 틔운 미래의 묘판이었다. 이 입장차는 갈수록 벌어져 봉합할 수 없을 지경에 이른다. 다산의 성취는 분명 공동의 노력이었으나 보상에 대한 약속이 애매했다. 그러다 보니 제자들은 과거시험 때마다 스승의 뒷배를 바라며 서신을 올렸고 돌아오는 것이 없자 조급해지기 시작했다. 그러다 불만은 오해로 번졌고 결국 스승의 재산에 손을 대는 일까지 벌어진 것이다.

모든 갈등에는 기대의 좌절이 있다. 관계를 맺는다는 것은 '상대의 기대에 일정 부분 책임지겠다'는 서명과도 같다. 관계가 이어지려면 좌절의 총량이 충족의 총량을 넘어서는 안 된다.

또한 모든 갈등에는 징후가 있다. 스승의 업적이 언급될 때마다 제자들은 "그 공엔 내 몫도 있소"라며 얘기하고 싶어졌다. 한양에 올라와 인사도 없이 내려가는가 하면, 약속했던 송금을 미루기도 했다. 이쯤에서 서로 마주 앉아 오해를 풀었어야 했다. 하지만 그들은 끝내 그러지 못했다. 제자들은 사랑채에 모여 스승을 원망했고 스승은 제3자에게 제자들 흉을 봤다. 그렇게 그들 관계는 서서히 붕괴됐고, 결국 조선 최고의

학술 집단은 와해돼버리고 만다.

갈등에 빠졌을 때 반드시 건너야 할 강이 있다. 직접-대립의 강이다. 눈조차 마주치기 싫어도 만나야 한다. 감정이 얽히고설켜 풀기 어렵다면, 한바탕 다투는 것도 나쁘지 않다. 대놓고 화내는 게 대화라는 말도 있지 않은가. 서로의 생각을 내놓고 부딪히다 보면 상대가 무엇을 중시하는지 알 수 있고, 한편으로 여전히 서로를 아끼고 있음도 드러난다. 무엇보다 문제에 직접 들어갈 수 있고 해결에 대한 동기도 생긴다. 이를 '직접-대립의 파라독스'라고 한다.

반대로, 충돌을 피하려 애써 웃으며, "힘들지? 내가 한 번 더 할게"라며 악수하고 덮는 '간접-협력'은 최악의 선택이다. 회피는 일시적 봉합일 뿐 근본적인 해결책은 되지 못한다. 감정은 썩고 문제는 곪아 터져 수준 낮은 비난으로 이어지기 마련이다. 실제로 창을 들고 스승의 집을 찾아가 욕설을 퍼붓고 돌아선 제자도 있었다고 한다.

만약 그들이 오늘날 법정에 선다면 어떤 결론이 날까? 제자들의 기여가 인정돼 보상을 받게 될까, 아니면 실학 일타

강사에게 받은 가르침만으로도 보상은 충분하다는 판단이 내려질까. 분명한 건 대화의 강을 건너지 못한 스승과 제자 모두 없어도 될 피해와 상처를 입었고 서로에게 몹쓸 사람으로 남았다는 사실이다.

갈등은 묵힌다고 사라지지 않는다. 시간이라고 하는 약도 갈등 당사자 간에 마주할 용기가 있을 때에야 비로소 의미가 있다.

왜 말을 돌려하세요?

기분 나쁘게

독서모임에서 다음에 읽을 책을 함께 정하고 있었다. 그런데 그날따라 한 회원의 태도가 거슬렸다.

"뭐 하러 힘들게 고민해요? 그냥 대학교 선정도서 목록에서 정하면 되지." 그러면서 이 책 저 책을 언급하더니 뜻밖의 말을 꺼냈다.

"아참! 오래전에 사놓고 못 읽은 책이 있는데, 그걸로 정해요. 나이 드니까 건강에 관심이 가지 뭐예요. 호호호."

건강과 호르몬에 관한 책이었다. 인문교양 서적을 주로 읽는 모임과 어울리지 않았고, 이제 막 들어온 젊은 회원들이 좋아할 것 같지도 않았다. 하지만 분위기를 깨고 싶지 않아 넘어갔다.

집에 돌아와 일정을 잡는데 그 책이 자꾸 걸렸다. 결국 그녀에게 전화를 걸었다.

"그날 다른 책들도 추천하셨잖아요. 혹시 그중에는, 없을까요?"

짧은 정적이 흐른 뒤 싸늘한 음성이 들려왔다.

"왜요, 그 책이 마음에 안 드세요?"

"그게 아니라… 없다면 원래 책으로 하셔도 상관없어요."

"마음에 안 들면 안 든다고 하시지 왜 돌려말하세요?"

그 순간 직감했다. 모든 게 틀어졌음을. 이후 그녀는 만날 때마다 불만을 드러냈고 아무리 해명해도 마음은 풀리지 않았다. 그 책을 나누기로 한 날 결국 그녀는 오지 않았다. 그 후로도 영영.

속상했다. 리더로서 충분히 할 만한 '제안'이었고, 원래 정했던 책으로 해도 괜찮다고 '배려'까지 덧붙였다. 하지만 그녀에게 내 제안은 평가로, 배려는 변명으로 들렸다.

커뮤니케이션이란 의도를 말이나 글에 담아 상대에게 전하는 행위다. 여기서 중요한 점은, 말을 만드는 건 나지만 그걸 해석하는 사람은 상대라는 사실이다. 아무리 의도가 좋고 표현이 수려해도 상대가 오해했다면 소통은 실패다.

그럴 때마다 우리는 억울해 하며 항변한다.

"다 너를 위한 거였어."

"좋은 말 해준 건데 왜 기분 나빠해?"

흔히 하는 이 말들에는 '내 의도가 좋으니 너도 그렇게 받아들여야 한다'는 전제가 깔려 있다. 아무리 좋은 뜻이라도 상대가 상처받았다면 그것은 좋은 말이 아니다. 소통에서 말의 의미는 화자의 의도가 아니라 청자의 경험 위에서 결정된다. 때로는 의도보다 어떻게 해석될지를 헤아리는 일이 관계를 지키는 지혜가 된다. "이 말을 한다면 상대는 어떻게 느낄까?" "내가 이런 행동을 했을 때 상대가 불편해하지는 않을까?" 한 번의 시뮬레이션만으로도 불필요한 오해와 갈등은 크게 줄어든다.

의도가 선하다는 건 중요한 출발점이다. 하지만 그것만으로 관계의 정당성을 주장할 수는 없다. 성숙함은 상대가 상처받았다면 그 감정에 책임을 느끼는 태도에서 비롯된다. 소통에 유능한 사람은 "그런 뜻이 아니었어"라는 해명보다 "그렇게 느꼈다면 미안해. 내가 더 조심할게"라고 말하는 사람이다.

AI에게 배우는

대화의 품격

AI와 일하며 좋은 점이 있다. 감정적으로 상처받을 일이 없다는 것이다. AI는 상대를 무시하거나 비난하는 일이 결코 없다. 대신 이렇게 말한다.

"정말 좋은 생각입니다."

"이 방향을 좀 더 확장해 볼 수도 있겠네요."

"당신의 관점이 인상적이에요."

그래서인지 AI와의 대화에서는 긴장감이 없다. 틀려도 괜찮다는 편안한 분위기 속에서 오히려 더 많은 말을 건네고 싶어진다. 때로는 AI의 긍정적인 반응을 기다리는 나를 발견하기도 한다.

더 흥미로운 점은, 동의하지 않을 때조차 AI는 예의를 잃지 않는다는 것이다. AI는 언제나 문제를 중심에 두고 이야기할 뿐 사람을 평가하지 않는다. 감정을 부추기지 않으며, 침착하고 차분한 어조로 사실과 해석을 구분해 상황을 객관적으로 바라볼 수 있도록 도와준다. 그 많은 정보를 갖고도 AI는 자기주장을 고집하는 대신 열린 선택지를 조심스레 건넨다.

"그럴 수도 있겠네요. 하지만 이런 관점도 있습니다."

대화의 품격은 많은 말을 주고받는 데서 생기지 않는다. 사실을 말하되 예의를 잃지 않는 태도, 의견을 내되 감정을 상하게 하지 않는 배려, 내 입장을 지키면서도 타인의 체면을 세워주는 균형감에서 배어나온다. 이는 대화의 기술을 넘어 성숙한 인간의 모습이다.

앞으로 'AI 같은 사람'이라는 표현은 무미건조하거나 박학다식한 사람을 뜻하지 않을 것이다. 비난받을 일 없이 무엇이든 털어놓을 수 있는 사람, 감정보다 문제를 중심에 두고 대화할 줄 아는 사람을 의미하게 될 것이다. 즉, 말을 품위 있게 다룰 줄 아는 사람을 지칭할 것이다. 결국 우리가 AI에게 배워야 할 역량은 설명의 기술이 아니라 대화 지능(Conversational Intelligence)이다. 이는 우리가 AI를 통해 배워야 할 진짜 인간다움이 무엇인지 다시 묻게 한다.

말에도 유통기한이 있다

푸드 마일(Food Mile)이라는 개념이 있다. 식재료가 생산지에서 식탁까지 도착하는 데 걸리는 이동 거리를 말한다. 거리가 길수록 신선도는 떨어지고 비용은 올라간다. 사람 사이 소통도 마찬가지다. 말의 가치 역시 타이밍에 따라 달라지기 때문이다. 나는 이를 커뮤니케이션 마일(Communication Mile)이라 부른다.

직장인 미정 씨는 친구가 주말농장에서 수확한 토마토를

선물받았다. 답례를 고민하다 주말을 넘겼고, 출장까지 겹치며 2주가 더 흘렀다. 한 달이 지나자 마음은 시들고 두 사람 사이엔 미묘한 거리감이 생겼다. 친구는 고맙다는 말 한마디 없는 그녀에게 서운해했고, 미정 씨는 억울한 마음에 "너는 언제나 다 챙기는 줄 알아?"라는 방어적인 말까지 내뱉고 말았다. 고마움을 표현할 타이밍이 조금 늦어졌을 뿐인데 일이 커졌다. 망설임이 커뮤니케이션 마일을 늘린 셈이다.

말에도 유통기한이 있다. 좀 더 나은 표현을 찾겠다며 망설이는 동안 마음은 숙성되기보다 증발하거나 변질되기 쉽다. 특히 감사, 사과, 고백처럼 감정을 담은 말일수록 진심의 온도가 살아 있을 때 전해야 한다. 그때가 가장 신선하다.

때로는 감정의 진위를 따지느라 타이밍을 놓치기도 한다.

"이게 정말 감사할 일인가?"

"내 진심이 충분한가?"

"너무 형식적이거나 위선처럼 보이지는 않을까?"

그러는 사이 전해야 할 마음은 식어버리고 만다. 타이밍이 곧 진심일 때가 있다. 인간관계에서 소통을 꼭 심각한 다큐로 볼 필요는 없다. 그보다는 필요할 때 가볍게 주고받는 감정의

캐치볼에 가깝다. 제때 건네는 한마디가 오래 묵힌 진심보다 더 큰 힘을 발휘한다. 결혼, 장례, 입학, 졸업 등 부조(扶助)가 그렇다. 아무리 큰 금액이라도 때를 놓치면 진심은 왜곡된다.

'말은 신중하게 해라'라는 격언은 말을 아끼고 묵히라는 뜻이 아니다. 진심이 가장 잘 닿을 수 있는 순간을 포착하라는 의미다. 신속한 말은 '빨리 하는 것'이 아니라 '진심의 온도가 살아 있을 때 전하는 것'이다. 상대 마음을 움직이는 말은, 적당한 온도와 적절한 타이밍의 만남에서 탄생한다.

별거 아니에요 했다가 별거 아닌 사람 된다

크리스마스 이브, 한 지인이 손수 구운 쿠키를 건넸다. 빨강과 초록이 어우러진 상자를 황금색 리본이 감고 있었다. 하나하나 포장된 쿠키에서 정성어린 마음이 느껴졌다. 그런데 함께 전한 말이 뜻밖이었다.

"별거 아냐. 재료가 남길래 그냥 한번 만들어봤어."

겸손의 의미로 하는 말인 줄 알지만 그날따라 흘려듣지 못했다. 왜 우리는 이렇게 자신의 공을 낮추려 할까. 나는 그분이 제과제빵에 푹 빠져 있고 얼마 전에 수입 오븐까지 들였다는 사실을 알고 있었다. 쿠키를 굽고 포장까지 하느라 분명 많은 정성을 들였을 것이다. 그런데도 왜 수고를 낮춰서 말할까. 자기 자랑처럼 보일까 봐? 생색낸다는 오해를 살까 봐? 아니면, 유난 떠는 사람으로 보일까 봐?

우리는 겸손과 사양을 미덕으로 배우며 자랐다. 무리해서 도움을 주고도 "별거 아니에요", "간단한 일이에요"라며 손사래를 친다. 곤란한 상황에서도 "괜찮습니다"라고 가볍게 넘긴다. 과연 그런 태도가 서로에게 도움이 될까? 말하지 않으면 내 수고와 마음은 묻히고, 상대는 그 깊이를 알지 못한다. 그리고 '괜찮다'는 말을 반복하다 보면, 뭘 해도 괜찮은 사람이 되어버린다. 티 내지 않고 묵묵히 해주는 게 좋다면 그렇게 하라. 단, 상대가 알아주지 않아도 괜찮다면 말이다. 하지만 많은 경우 우리는 알아주지 않는다고 서운해한다.

이때 필요한 것이 건강한 생색이다. 단순 자랑이나 허세를 말하는 게 아니다. 내가 상대를 위해 얼마나 마음을 썼는지 솔직하게 전하는 기술이다. 올바른 생색은 결코 유난스러운 일이 아니다. 오히려 나도 상대도 특별하게 만든다.

“이거 제가 직접 구웠어요. 맛있게 드셨으면 좋겠어요.”

“시간이 조금 걸렸지만 꼭 전해드리고 싶었어요.”

이런 건강한 생색에는 ‘당신을 위해 기꺼이 시간을 썼어요’라는 진심이 담겨 있다. 상대를 위해 일부러 시간과 정성을 쏟았으면 상대도 알 필요가 있다. 그 사실을 알게 된 순간 고마움과 더불어 당신에 대한 마음도 한층 깊어졌을 것이다. 앞으로는 추가 업무를 요청하는 팀장에게 무조건 “괜찮습니다”라고 하는 대신 이렇게 말해보자. “여유롭진 않지만, 팀을 위해 해보겠습니다.”

“별거 아니에요”라는 말 뒤에는 사실 ‘이건 내 마음이에요. 알아주세요’라는 속삭임이 숨어 있다. 이 침묵의 외침을 솔직하고 부드럽게 생색내보자.

“이거 내가 텃밭에서 직접 키운 거야. 너 주려고 아침부터 수확했어”

건강한 생색은 “나는 이런 사람이고, 지금 여기에 있어요”라는 작지만 선명한 신호다.

“별거 아니에요”라고 했다가 진짜 별거 아닌 사람이 될 수도 있음을 기억하자.

그동안 즐거웠다고 웃으며

말하는 연습

"사랑해."

당신은 이 말을 얼마나 자주 하는가. 우리는 이 말을 아낀다. 아니 쑥스러워한다. 나이 들수록 입 밖으로 내기 어려운 말이기도 하다.

서양 문화권은 사정이 조금 다르다. 출근길이나 전화를 끊기 전, 저녁 식탁 위에서도 자연스럽게 이 말을 건넨다. 그 차이는 어디서 비롯된 걸까.

그들은 '관계란 언제든 끝날 수 있다'는 전제 위에서 사람을 만난다. 그래서 관계를 끊임없이 점검하고 매 순간 확인한다. 그 확인 도구 중 하나가 '사랑해'다. 반면 우리는 관계를 한번 맺으면 끝을 봐야 하는 과업처럼 여긴다. 관계를 당연히 유지되는 것으로 여기다 보니 그 상태를 확인하는 일조차 무의미해진다. 그런 분위기 속에서 '사랑해'라는 말의 의미는 퇴색되어 간다.

서양에서 관계는 함께 추는 춤과 같다. 파트너가 마음에 안 들면 손을 놓고 다른 사람으로 교체하거나 더 이상 즐겁지 않으면 무대에서 내려올 수 있다. "그동안 즐거웠어." "이제 그만 출까?" 무엇보다 두 당사자 합이 중요하다.

같은 춤도 우리가 추면 다르다. 발이 밟히고 손이 거칠게 당겨져도 파트너를 바꾸거나 무대에서 내려오지 못한다. 이를 꽉 물고 억지 미소를 지으며 속삭인다. "어차피 계속 갈 거 잖아. 참아주는 것만으로도 다행인 줄 알아."

서양에서 관계는 '구독 서비스'에 가깝다. 유효성을 따져 보며 주기적으로 갱신하는 것이 자연스럽다. 우리에게 관계는 '건축물'과도 같다. 짓고 등기를 마치면 허물기 전까지 세

금과 책임이 따른다. 외부 시선이라는 외벽도 견고하다. 이렇듯 옴짝달싹 못하는 구조 속에서 '사랑해'라는 말은 건축 허가 도장처럼 의례적인 장식으로 남는다.

　우리는 관계를 유지 아니면 단절이라는 이분법 안에 가두는 경향이 있다. 천륜, 인연, 연분 같은 운명론적 뉘앙스가 관계를 불가분의 것으로 만들어 우리를 옭아매기도 한다. 관계의 끝을 곧 실패로 보는 시선 역시 부담스럽다. 하지만 시야를 넓히면 다양한 방식의 관계가 보인다. 자주 만나지는 않지만 필요할 때 서로 도와주는 관계가 있고, 한때는 가까웠지만 지금은 간간히 안부만 묻는 관계도 있다. 업무를 함께할 때만 이어지는 협력적 관계도 있으며, 길에서 마주치면 인사 정도만 나누는 가벼운 관계도 있다. 심지어 갈등 끝에 거리를 뒀지만 세월이 흐른 뒤 다시 자연스럽게 이어지는 경우도 있다.
　사람과 사람을 이어주는 끈은 유연하고 다채로운 모습으로 존재한다. 관계가 끊어졌다고 해서 반드시 원수처럼 지낼 거라는 두려움을 가질 필요가 없다. 그렇다고 인간관계를 마치 물건처럼 언제든 버려도 된다는 뜻은 아니다. 다만 관계란 반드시 이래야 한다는 당위의 틀을 한 번쯤 의심해보자는 것이다.

이런 맥락에서 '사랑해'라는 말은, 관계란 언제든 변할 수 있다는 사실을 받아들이고 인정하는 겸허한 고백이 된다. 끝이 정해진 시간 위를 걷는 우리에게 만남과 헤어짐은 자연스러운 흐름이다. 관계의 끝은 언제든 찾아올 수 있다. 하지만 관계의 마침표가 곧 삶의 실패를 의미하지는 않는다.

진지함의 함정, 가벼움의 힘

카톡방에 연말 회식 장소가 올라왔다. 집에서 전철로만 한 시간 반 거리다.

'뭐지? 난 동의한 적 없는데.'

일방적 통보에 무시당했다는 생각이 들면서 가슴이 쿵쾅거린다. 그리고 이내 진지함의 늪에 빠져든다. 시야가 좁아지고, 좋던 사이가 어느새 승부로 바뀐다. 당장이라도 따지러 가고 싶어진다. 이처럼 우리는 사소한 일상 속에서 진지함에 압도되어 관계를 경직시킨다.

"지금 뭐라고 했어? 다시 말해 봐."

"그게 말이야 막걸리야?"

이 승패의 환상에서 우리를 구해줄 관점이 있다. '게임 뷰(Game View)'다. 관계를 눈앞의 승부에서 함께 이어나갈 놀이로 보는 것이다.

진지함은 인간관계에 꼭 필요한 덕목이다. 하지만 과하면 독이 된다. 예컨대 회식 자리에서 모두 가벼운 농담을 주고받을 때도 말 한마디 한마디의 의미를 따져 묻는 사람이 있다. "그 말은 정확히 무슨 뜻이죠?"라며 분위기를 순간 얼어붙게 만들고, 가벼운 제안에도 "이게 왜 필요한지 먼저 설명해주시죠"라며 논리 검증부터 시작한다. 작은 농담도 진담으로 받아들여서 상대를 무안하게 하고, 사소한 의견 차이에도 토론을 벌여 결론을 내려야 직성이 풀린다. 함께 있는 사람들은 점점 말을 아끼게 되고, '또 예민하게 받아들이겠지?'라는 생각에 농담 하나 던지기 어려워진다. 결국 과한 진지함이 대화를 얼어붙게 하고 사람을 멀어지게 한다.

다행스럽게도 우리에게는 진지함의 덫을 빠져나올 열쇠

가 있다. 놀이 본능이다. 게임에서 지고도 "졌지만 잘 싸웠다"라며 웃어넘기고 "이번 판은 연습이야"라며 룰을 살짝 비튼다. 가위바위보에서 지면 "삼세판이야", "이긴 사람이 사는 거야"라며 재치를 발휘해 놀이를 이어간다.

관계를 단지 가벼운 것으로 만들자는 말이 아니다. 숨막히는 원칙과 신념 사이에서 관계가 숨을 쉴 틈을 만들자는 뜻이다. 내 의사와 상관없이 모임 장소가 정해졌을 때 '나를 무시하나?'라며 진지함의 늪에 빠지기보다는 이렇게 반응해보자.

"거리가 먼 만큼 음식이 정말 맛있나 봐요. 기대감이 확 올라가네요!"

"오, 꽤 먼 곳이네요. 새로운 곳을 가보는 기회가 될 수도 있겠어요."

이렇게 분위기를 풀어낸 뒤 "저는 거리가 좀 먼데 혹시 다른 선택지도 있을까요?"라며 부드럽게 의견을 제시하면 상대도 방어적으로 굳지 않는다.

진지함이 지나쳐 시야를 가리고 승부욕이 발동된다면 놀이하는 인간, 호모 루덴스(Homo Ludens) 기질을 발휘할 때다. 놀이의 관점은 서로의 말을 흘려듣자는 게 아니다. 어떤 긴장 상황에서도 편히 이야기할 수 있는 여유를 지니자는 의미다.

상처 없이 따듯함만 누릴

관계의 황금비율

앨빈 토플러는 정보 자극의 홍수와 파편화된 인간관계로 인해 미래 인류의 정신이 심각하게 손상될 것으로 예측했다. 진득한 관계는 사라지고 짧고 피상적인 관계가 일상이 되리라고 본 것이다. 그 미래가 바로 오늘이다. 손바닥만 한 기기에 수백, 수천 명이 연결되어 있는 지금 그의 예언은 들어맞은 듯 보인다.

문득 궁금해진다. 만약 우리가 복잡한 인간관계와 정보망에서 완전히 단절된다면 어떻게 될까? 정보 디톡스로 정신이 맑아질까, 아니면 불안과 고독으로 고통에 빠지게 될까? 한 파리지앵이 그 답을 얻기 위해 실험에 나섰다.

여행 작가 실뱅 테송은 어느 날 문명사회를 등지고 시베리아로 향했다. 그는 원시자연 가운데서 6개월간 머물며 일상을 기록했다. 하루 시작은 휴대폰 켜기에서 장작 패기로 바뀌었고, 문명생활이라고 해봐야 등불 아래서 책을 뒤적이는 게 전부였다. 극한의 추위와 자연이 선사하는 신비는 문명을 잊게 했고, 한동안 그는 온전한 자유를 누렸다.

그러나 시간이 흐르고 주변이 익숙해지며 마음속에서 무언가 올라오기 시작했다. 인간 특유의 온기와 체취에 대한 그리움이었다. 자연이 빚어내는 아름다움에 감동할 찰나 함께 나눌 사람이 곁에 없다는 야릇한 슬픔이 차올랐다. 인간은 본질적으로 함께 해야 하는 존재임을 머리가 아닌 온 존재로 깨닫게 된 것이다.

그러던 어느 날 문명세계에서 한 통의 메시지가 날아왔다. 이별 통보다.

"부평초 같은 사람과는 더는 함께할 수 없어."

단절되었던 관계가 재접속되자 온순하던 시간이 돌변했다. 보드카로 슬픔을 달래고, 개를 부둥켜안고 울어보지만 달라지는 건 없다. 그에게 필요한 것은 등을 다독여 줄 사람의 손길이었다. 그는 결국 시베리아를 떠난다.

아이러니하게도 타인의 손길은 양면적이다. 위로하겠다며 다가오다가도 어느새 상대의 잘못을 못 짚어줘 안달이다. 손길이 주는 살가움도 오래지 않아 권태감으로 바뀐다. 그래서일까. 우리는 자유를 원하면서도 외로움은 싫고, 관심은 바라지만 간섭은 거부한다. 관계의 딜레마다.

상처 없이 따듯함만 누릴 관계의 황금비율이 존재할까? 안타깝게도, 없다. 함께 있음으로 인해 겪는 괴로움은 피할 수 없다. 관계란 존재와 존재가 맞닿으며 생기는 마찰 현상이기 때문이다. 서로 다른 감정과 생각이 부딪치며 스크래치조차 없기란 불가능하다. 빛과 그늘이 공존하듯이 관계가 주는 혜택을 누리는 만큼 대가도 치러야 한다. 다행스럽게도 그 대가는 거창하지 않다. 상대를 이해하려는 노력, 가끔은 그 사람의 자리에 서 보려는 마음, 그 정도면 충분하다.

누군가에게 기대고 싶은가?

그렇다면 관계의 무게도 함께 나누어야 한다. 좋은 것만 취하는 건 불가능하다. 사람을 만나면서 상처를 피할 수 없다는 사실을 받아들여야 한다.

© 장동혁

2장

상처받지 않는
단단한 사회생활 습관

A급에겐

A급의 대우를

퇴근길 지하철.

손마다 휴대폰이 들려 있고 다들 누군가와 메시지를 주고받느라 분주하다. 그런데 내가 김 대리와 박 대리에게 보낸 톡은 여전히 '읽지 않음'이다. 문득 탕비실에서 뮤지컬 이야기를 나누며 웃던 둘의 얼굴이 떠오른다. 갑자기 마음이 스산해진다.

'나한테 무슨 문제가 있나?' '나 설마 왕따인가?'

인간관계에 대한 불안은 누구나 겪는 일이다. 문제는 이 불안이 '나만 뒤처졌다'는 결론에 도달할 때다. 그럴 땐 독일의 수학자 가우스가 발견한 정규분포 곡선을 떠올려보자. 정규분포는 대부분의 데이터가 평균을 중심으로 대칭적으로 몰려 있는 현상이다. 키, 시험 점수, 연봉처럼 세상의 많은 현상이 이 패턴을 따른다. 인간관계도 예외가 아니다. 내 주변에는 나에게 별 관심 없는 사람 60퍼센트를 중심으로 한편에 나를 좋아하는 사람 20퍼센트, 다른 한편에 나를 불편해하거나 싫어하는 사람 20퍼센트로 구성돼 있다. 이른바 2:6:2 법칙이다.

문제는, 나를 아껴주는 20퍼센트보다 나에게 무관심한 80퍼센트의 시선에 신경을 쓰느라 지친다는 사실이다. '나만 빼고 다들 커피 마시러 갔나 보네. 날 싫어하나?' 이렇게 우리는 내가 있는지 없는지도 모르는 사람들을 의식하면서 하루를 망친다. 정규분포 곡선이 말해주듯, 당신이 특별히 뭘 잘못해서가 아니라 애초에 사람들의 관심과 호감은 그렇게 나뉜다. 개중에는 나를 특별히 좋아하는 사람도 있고 딱히 이유 없이 불편해하는 사람도 있을 뿐이다. 원래 그런 것이다.

인간관계의 현실을 인정했다면 관계 관리의 핵심을 기억하자. 그것은 내 편 20퍼센트를 먼저 챙기는 것이다. 마음 확인하느라 애쓸 필요 없는 가족, 오랜 친구, 믿을 만한 동료가 바로 그들이다. 그들은 당신이 흔들릴 때 곁에 남아줄 방파제 같은 사람이다. 나머지 80퍼센트까지 끌어안으려 애쓸 필요는 없다. 그들과는 화이부동(和而不同) 전략으로 충분하다. 적당히 어울리되(和) 속속들이 같아지려 할 필요는 없다(不同). 내 입지가 흔들리지 않을 정도면 충분하다.

인간관계는 정원과 같다. 정원은 과실수 몇 그루면 족하다. 그 주변으로 잠시 피었다 지는 일년생 화초와 다년생 화초가 고루 어우러져야 아름답다. 괜히 유실수로 채우려다가 가지치기와 풀 뽑기로 허리만 휜다.

스치듯 지나간 직장 동료의 청첩장을 두고 고민할 시간에 곁에서 나를 지지해주는 친구에게 커피 한 잔 더 사자. 내 편을 집토끼로 여겨 소홀히 했다가는 뒤늦게 후회하게 된다. 문득 인맥 관리가 불안해진다면 오랜 벗에게 전화해 이렇게 말해보자.

"그냥 한번 해봤어."

그 한마디면, 충분하다.

뒷담화에 현명하게

대처하는 법

동료들과의 점심식사 자리. '그 사람' 뒷담화가 시작되면 나는 난처해진다. 맞장구치자니 공범이 되고, 어물쩍 물러섰다간 어색한 벽이 생긴다. 중립 기어를 놓고 듣다 보면 어느새 다음 타깃이 되기도 한다. 그러다 보니 뒷담화 자리에서는 단체 줄넘기 앞에 선 아이가 된다. 언제 뛰어들고 언제 빠져나와야 할지 쉽게 판단이 서질 않는다.

얼마 전 새 팀장이 부임했다. 팀 분위기가 낯설어서인지 어던가 겉도는 느낌이었다. 말투도 어색했고 업무 전달도 매끄럽지 않았다. 그러던 어느 날 한 동료가 점심을 먹으며 불만을 터뜨렸다.

"팀장님이 대체 무슨 말을 하는 건지 모르겠어. 하라는 건지 말라는 건지…"

나도 비슷한 생각이었지만 성급한 판단이라 여겨 이렇게 말했다.

"오신 지 얼마 안 됐잖아. 좀 지나면 나아지지 않겠어?"

순간 동료의 얼굴이 굳었다. 그리고 불쑥 튀어나온 말.

"장 과장이 그렇게 말하면 내가 뭐가 돼?"

순간 멍해졌다. 단지 의견을 보탰을 뿐인데 그렇게까지 반응할 일인가 싶었다. 그런 뜻이 아니라고 해명했지만 그는 이미 자기 말에 흠집이라도 난 듯 상처받은 표정이었다. 그날 이후 우리 사이에는 미묘한 거리감이 생겼다.

이 사건으로 나는 깨달았다. 뒷담화의 핵심은 말의 옳고 그름이 아니라 상황에 맞는 '리액션'이라는 것을.

특히 직장 동료와의 식사 자리처럼 공적인 듯 사적인 공간에서는 논리나 팩트보다 감정의 리듬을 읽는 타이밍과 공감

능력이 더 중요하다. 뒷담화에는 단순한 험담 이상의, 공감 받고 싶은 마음이 숨어 있기 때문이다. "나만 그렇게 느끼는 거 아니지?"라는 뜻의, 동의를 구하는 정서가 담겨 있다. 다시 말해, 자신이 유난스러운 사람이 아니라는 사실을 확인받고 싶은 바람과 나 혼자가 아니었으면 하는 욕구가 깔려 있다. 이럴 때 섣불리 의견을 내세우면, 상대는 그 말을 "네가 틀렸어", "네가 이상해"로 받아들이기 쉽다.

그날 이후 나는 뒷담화를 두 가지 경우로 나누어 대응하기로 했다.

먼저, 비난과 조롱이 과열된 경우다. 이럴 때는 정면으로 맞서기보다 뒷담화 대상의 인간적인 여지를 남겨 분위기를 누그러뜨린다. "그런 면도 있긴 하지. 그래도 팀장님, 요즘 적응하느라 스트레스 많더라고." 비난에 동참하지 않으면서도 모두가 감정을 가라앉힐 출구를 마련하는 방식이다.

다른 하나는, 상대가 자신의 불편한 감정을 조심스레 나누려고 할 경우다. 이때는 섣부른 판단보다 공감이 먼저다. "사실 나도 서먹하긴 해." 이 한마디로 충분하다. 상대는 나만 그런 게 아니구나 하는 안도감을 얻는다. 핵심은, 문제를 해결하려 들지 않고 그 사람의 감정에 함께 머무는 것이다. 그렇게 하면 상대는 감정을 인정받았다는 생각에 뒷담화 대상에 대해 너그러워진다.

지금 누군가가 뒷담화 도마에 올랐다면, 스스로에게 물어보자.

지금 이 사람은 내 판단을 구하는 걸까, 아니면 그저 곁에 있어 주기를 바라는 걸까?

침묵이 최선일 때가 있다

대화방에 정치 이야기를 자주 올리는 선배가 있다. 그날도 광복절에 일본인 투수를 선발로 내세운 프로야구팀 기사를 공유하며 울분을 터뜨렸다. 그러자 선배의 한 동기가 댓글을 달았다.

"투수 로테이션이니 어쩔 수 없지 않나?"

공격도 비판도 아닌 단지 다른 관점일 뿐이었다. 하지만 상황은 순식간에 격해졌다. 기사를 올린 선배가 댓글 단 동기를 몰아세웠고, 몇몇 선배까지 가세했다. 모욕적인 말이 오갔고 결국 다른 목소리를 냈던 선배는 대화를 접을 수밖에 없었다. 말 한마디에 멀쩡한 사람이 매국노가 되고, 어제의 절친이 철천지원수가 되는 일. 에코챔버(Echo Chamber)라면 가능하다.

에코챔버는 비슷한 배경을 가진 사람들이 같은 목소리를 되풀이하는 공간이다. 그 안에서 다른 목소리는 단순한 의견 차이를 넘어 집단에 대한 위협으로 간주된다. 거기서는 옳고 그름이 아무런 의미를 갖지 못한다.

에코챔버에서 개인의 주장은 본인의 생각이라기보다는 진영의 목소리를 대변하는 경우가 많다. 예를 들어, 누구나 에너지 정책에 대해 한마디씩 하지만 스스로 조사하고 검토해 자기 의견을 만든 사람은 드물다. 대개는 자신이 속하거나 지지하는 그룹의 논리를 받아 되풀이할 뿐이다. 그런 공간에서 다른 의견은 아무리 합리적이고 사실에 근거한다 해도 이상한 세계의 낯선 생각으로 배척당할 뿐이다.

문제는 이런 현상이 특정 집단에만 머물지 않는다는 점이다. 소모임, 직장, 심지어 가족 안에서도 에코챔버는 작동한다. 자신과 생각이 비슷한 사람만 곁에 두고 다른 의견에는 불편함을 느껴 서서히 밀어낸다. 우리가 관계에서 피로를 느끼는 이유 중 하나도 바로 여기에 있다. 메아리의 울림 속에서는 새로운 생각이 머물 틈이 없기 때문이다.

그렇다면 에코챔버에서 의견이 격돌할 때 어떻게 해야 할까. 중재자로 나서야 할까, 침묵자로 조용히 관망하는 게 나을까, 아니면 옳고 그름을 가리는 심판자가 돼야 할까.

누군가의 감정이 폭주하고 대화가 공방전으로 변할 때 우리는 스스로에게 이렇게 묻는다. "지금 끼어들었다가 불똥이 튀는 거 아냐?" "이렇게 방관만 하고 있어도 되나?" 그러다 결국 아무 말도 하지 못한 채 조용히 스크롤을 넘긴 경험이 한 번쯤 있을 것이다.

이런 상황에서 기본 전략은 '침묵'이다. 이때의 침묵은 비겁함이 아니다. 그 또한 메시지이며 자신과 관계를 지키기 위한 지혜다. 상황이 설득도 중재도 통하지 않을 정도로 선을 넘었을 때 침묵자로 물러서는 것은 현명한 선택이다. 때로는 말을 보태지 않는 것이 갈등을 키우지 않는 유일한 방법이기 때문이다. 거리를 두는 선택은 회피가 아니라 불필요한 충돌을 막는 적극적인 개입이 된다.

격한 논쟁 이후 그 여파로 누군가가 위축되어 있을 때 따뜻하게 한마디 건네는 것도 방법이다.

"그날 선배 말씀, 충분히 의미 있었어요."

"그때 그 논쟁, 좀 안타까웠어요."

이런 말 한마디가 공개 지지보다 훨씬 큰 울림을 가진다. 상대 입장을 이해하려 했다는 존중의 표현이기 때문이다.

우리는 크고 작은 에코챔버 속에 머물게 된다. 그런 공간은 점점 늘어가고, 다른 목소리를 밀어내는 힘은 더욱 강력해지고 있다. 이때 중요한 것은 그에 동화되거나 벗어나려 애쓰기보다 나를 지키면서도 다름을 품을 줄 아는 태도다. 결국 처세란 눈치의 기술이 아니라 때론 침묵하고 때론 개입하고 때론 거리를 두면서 관계를 잃지 않는 길을 선택하는 일이다.

호의를 온전히

받는 기술

"마음만 받을게요. 그냥 넣어두세요."

호의를 거절할 때 흔히 쓰는 말이다. 극구 사양이 몸에 밴 탓에 습관적으로 하는 말일 것이다. 그런데 정말 '마음'만 받을 수 있을까? 이 말은 생각보다 많은 의미를 지워버리곤 한다.

무더운 여름 날 오 팀장은 팀원들을 위해 아이스 커피를 사왔다. 다들 "감사합니다"하며 반길 때 김 사원이 커피를 도로 내밀며 말했다.

“죄송하지만 저는 안 마시겠습니다. 요즘 PT를 받는 중이라서요.”

오 팀장은 잠시 멈칫했다. 퇴근 길, 다 녹아버린 커피를 싱크대에 버리며 그는 씁쓸한 마음을 지울 수 없었다. 이 일은 단순히 커피를 주고받는 문제가 아니었다. 팀장이 건넨 건 ‘커피’라는 기호식품을 넘어 응원과 격려의 마음이었다. 김 사원은 단지 자기 원칙을 지키려 했을 뿐이지만, 결국 커피와 함께 돌려보낸 건 ‘호의’였다. 물론 거절에는 이유가 있다. 필요하지 않거나 부담스럽거나 어쩌면 상대를 배려해서일 수도 있다. 이유가 무엇이든 상대에게 먼저 와 닿는 건 이유보다 감정이다.

직장에서 관계 관리의 비결은 단순한 업무능력을 넘어 정서적 교감에 있다. 상대가 왜 그런 말이나 행동을 했는지를 읽는 감수성 말이다. ‘이걸 어떻게 처리하지?’를 계산하기보다 나를 떠올리며 커피를 주문했을 상대 마음을 읽는 게 더 중요하다. 상대의 세심함을 치켜세워 주는 것만으로도 관계의 온도는 달라진다.

“저 이거 좋아하는지 어떻게 아셨어요?”

"팀장님 덕에 오늘 시원하게 버티겠네요."

타인의 호의는 일단 받는 게 좋다. 어떻게 처리할지는 그다음 문제다. 호의를 받아들여 긍정적인 흐름을 만든 다음 다시 흘려보내는 일은 정서적 유대감을 높이는 유용한 방법이다. 이는 자신을 포기하는 태도가 아니라, 연결 고리를 단단히 하는 소통 방식이다. 반대로 즉각적으로 거절한다면 좋은 흐름이 거기서 끊겨버린다.

한편 상대를 배려하는 일만큼 나를 표현하는 것도 중요하다. 나와 너, 둘 다를 만족시켜야 하는 인간관계의 딜레마다. 그럴 땐 이렇게 말해보는 것은 어떨까?

"PT 때문에 커피를 끊었는데, 팀장님이 주신 거라 한 모금이라도 마셔야겠네요."

내 상황을 분명히 전하면서도 상대를 특별한 사람으로 만들어주는 말이다.

물론 모든 호의를 다 받을 수는 없다. 상황이나 원칙에 따라 거절해야 할 때도 있다. 불필요하거나 처치 곤란한 것을 떠넘길 때는 가볍게 웃으며 정중히 거절하면 된다. 이럴 때는 감사 인사와 함께 이해 가능한 설명을 덧붙여 말하자.

“저까지 챙겨주셔서 감사합니다. 다만 약을 복용 중이라 카페인을 삼가고 있습니다.”

호의를 건네는 일에는 용기가 필요하고, 그 마음을 온전히 받는 일에도 품격이 필요하다. 누군가 당신에게 아이스 커피를 건넨다면 이렇게 말해보자.

“감사합니다. 덕분에 오늘 하루가 시원해지겠네요.”

나는 좋은 사람이라는 오만한 착각

"인간관계가 뭐 그리 어려워요?"

그의 반문에 나는 잠시 말을 잃었다. 다른 사람이라면 모를까 그는 원만한 인간관계와는 거리가 멀었기 때문이다. 연말 회식 때 자기가 최애하는 깐풍기가 없었다며 며칠을 투덜거려 여러 사람을 피곤하게 한 장본인이 바로 그였다. 그런 그가 놀랍게도 자신을 관계에 능숙한 사람이라 믿고 있었다.

자신을 좋은 사람이라 믿을수록 문제 원인을 외부에서 찾

기 쉽다. 심리학에서는 이를 자기 위주 편향(Self-Serving Bias)
이라 부른다. 실패의 책임은 외부로, 공은 자신에게 돌리는 인
지 편향이다.

"나는 충분히 배려했는데, 네가 예민한 거야."

"넌 고집이 너무 세. 다른 사람 말을 안 듣잖아."

이런 말에는 나는 정상인데 상대가 문제라는 전제가 깔려
있다. 상대 입장을 헤아리기보다 자신의 판단을 기준으로 관
계를 재단하는 태도다. 자기 위주 편향은 훈련받은 상담사에
게도 나타난다. 심리학자 마이클 램버트의 연구가 이를 잘 보
여준다. '나는 충분히 잘한다'고 믿는 상담사일수록 내담자의
만족도는 낮았던 반면 스스로 부족하다고 느끼는 상담사에게
서 더 높은 만족도가 나타났다. 특히 내담자의 증세가 심할수
록 그 차이는 더 컸다. 이렇듯 자신이 잘하고 있다고 확신할
수록 타인의 반응을 놓치거나 자기에게 유리한 방향으로 해
석해버린다.

특히 부모나 관리자처럼 타인에게 영향력을 행사하는 위치
에 있을 때 자기 위주 편향은 위험해진다.

"나만한 상사가 어디 있어. 나만큼만 하라고 해."

이런 자기만족적인 평가는 그로 인해 고통받는 이에게 2차

가해가 되기도 한다. 나는 괜찮은 사람이라는 확신이, 관계를 이어주는 힘이 아니라 오히려 그것을 무너뜨리는 함정이 되는 순간이다.

자기 위주 편향에서 벗어나려면 자기객관화가 필요하다. 이는 나를 낮추는 일이 아니라 '내 행동이 상대에게 어떻게 비쳐졌을지'를 점검하고, 타인의 피드백을 방어가 아닌 성장의 재료로 받아들이는 태도다. 자기객관화는 자신을 있는 그대로 수용하고 개선할 부분을 인식하는 과정이어야지 자신을 미워하거나 비난하는 기회가 되어서는 안 된다.

한편, 자기 위주 편향이 강한 사람과 대화할 때는 감정적 호소보다는 구조화된 언어가 효과적이다. "그건 너무 힘들잖아요" 대신 "이 방식은 효율이 떨어져 다른 방법을 제안하고 싶습니다"라고 표현하는 편이 낫다.

또한 무리한 요구 앞에서 정면으로 맞서기보다 결과를 되묻는 방식도 도움이 된다. "그렇게 했을 때 거래처 담당자는 어떤 반응을 보일 것 같나요?"

진짜 좋은 사람은 자신을 좋은 사람이라고 단정 짓지 않는다. 상대의 경험 속에서 존재 가치를 증명할 뿐이다.

"그 사람과 있으면 왠지 편안해."

이런 말이야말로 진짜 좋은 사람이라는 가장 확실한 증거다.

무책임할 권리도 있다

밤새 고열에 시달린 김 대리는 겨우 눈을 떠 병가를 냈다. 그런데 벌써 세 번째 메신저가 울린다.

"김 대리, 지난주 회의 때 사용한 발표자료 원본 있지?"

자료를 보내고도 마음이 편치 않다. '몸이 안 좋아서 더 이상 작업이 어렵다'는 한마디를 하지 못해서다. 무책임해 보일까 봐.

기록적인 폭우 다음날, 가슴팍까지 물에 잠긴 채 출근하는

K-직장인 영상을 본 적이 있다. 결연한 표정, 머리 위로 들어 올린 가방은 감전보다 무서운 게 무책임하다는 낙인임을 보여주고 있었다. 단연 책임감 일등국민의 초상이다. 과연 책임감의 경계는 어디까지일까. 임무가 나보다 소중한 것일까. 책임감 있는 사람이란 주어진 일을 어떤 상황에서도 처리하는 사람인 걸까.

자신을 바닥까지 소진하는 책임감은 더는 미덕이 아니다. 어쩌면 그것은 '성실한 사람'이라는 이미지를 잃게 될까 봐 두려워하는 태도에 가깝다.

작가 찰스 부코스키는 소설 《팩토텀》에서 자기 존엄을 어떻게 지켜야 하는지 보여준다.

주인공 치나스키는 술이 덜 깬 채 단추가 덜렁거리는 셔츠 차림으로 면접장에 들어서는가 하면, "최선을 다할 건가요?"라는 면접관 질문에 "그럴 생각 없는데요!"라고 뻔뻔하게 답한다. 면접장을 나서며 "하마터면 '예'라고 답할 뻔했다"며 가슴을 쓸어내린다. 마음에도 없는 말을 내뱉는 것은 자기 존엄을 해치는 행위라는 것이다. 박봉에 자신을 노새처럼 부리려는 사람에게 정면으로 맞서는가 하면, 숙취가 심한

날 출근 대신 회복의 시간을 자신에게 허락하기도 한다. 언뜻 무책임해 보이는 그의 저항은 나태함이 아니었다. 약육강식이 판치는 세상에서 자신을 지키기 위한 몸부림이었다.

그 대가는 혹독했다. 그레이하운드에 몸을 싣고 잡일을 찾아 미 전역을 떠돌아야 했다. 소설 제목 '팩토텀(Factotum)'도 잡역부란 뜻이다. 그러면서도 그는 내면의 소리에 귀를 기울였고 그 음성을 기록하는 데 게을리하지 않았다. 그렇게 해서 그는 더티 리얼리즘의 대가, 루저들의 영웅이 된다. 지금도 부코스키의 책은 미국 서점에서 많이 도난당하는 책 중 하나다.

우리는 일터와 가정 그리고 수많은 관계 속에서 타인의 기대에 부응하기 위해 스스로를 소모하곤 한다. 책임감이라는 이름의 감시자는 그런 희생양을 노린다. 물론 책임감은 필요하다. 직장인이 가장 먼저 입증해야 할 자질이기도 하다. 하지만 모든 걸 감당할 수 없고 그럴 의무 또한 없다.

진짜 책임감은 자신에게 '무책임할 권리'가 있음을 인정하는 데서 시작된다. 진정으로 책임감 있는 사람은 무리한 요구에 "어렵다"라고 말할 줄 알고, 자발적인 책임과 강요당한 책임을 구분할 줄 안다. 자신을 갉아먹는 과도한 희생을 거부할 수 있는 배포 또한 지니고 있다.

부코스키가 묻는다.

"무책임하다는 말, 들어본 적 있는가?"

우리가 답한다.

"없다."

"그래서, 행복한가."

"…글쎄."

그가 웃으며 말한다.

"무책임하다는 말, 너무 두려워하지 마. 해보면 별거 아니야."

책임과 무책임의 모호한 경계 위에서 소진되는 우리에게 그의 묘비명이 말을 건넨다.

"Don't Try." 너무 애쓰지 마.

호탕하게 웃으며 그는 말한다.

"영웅만 찬미하는 세상, 나 같은 인간도 하나쯤 있어야지."

옳은 사람 되려다 좋은 사람

잃는 순간

박 사원은 책임감이 강하고 사려 깊은 직원이다. 동료들 사이에선 '믿을 맨'으로 통했고 팀장도 그를 신뢰했다. 그런데 요즘 들어 그가 달라졌다. 말수가 줄고 회식에도 얼굴을 비치지 않는다. 이상히 여긴 팀장이 그를 호프집으로 불러냈다.

"무슨 일 있어? 요즘 안 좋아 보여."

망설이던 박 사원이 입을 열었다.

"마음이 좀 불편해서요."

며칠 전, 해외영업팀이 초콜릿을 가져와 기획팀에 나눠 달라고 박 사원에게 부탁했다. 모든 자리에 놓고 나니 하나가 남았고, '어떻게 하지' 하다 그만 가방에 넣고 퇴근해버렸다. 그날 이후 초콜릿은 납덩이가 되어 그의 양심을 짓눌렀다.

"어려서부터 '진실해라, 남을 먼저 배려하라'는 말을 자주 들었어요. 친구와 같이 잘 때도 먼저 잠들 수 없었죠. 혹시 친구가 할 말이 남았을까 봐서요."

잔을 내려놓으며 팀장이 말했다.

"나는 박 사원이 맥주 딱 세 잔 마신 것처럼 살았으면 좋겠어. 너무 경직되지도, 그렇다고 흐트러지지도 않은, 딱 그 중간 말이야."

그 말은 박 사원에게 위로이자 동시에 충격이었다.

"생각해보니, 정직이나 진실이란 게 실체가 있나 싶네요."

박 사원은 자신도 모르는 사이 도덕이라는 가치의 무게에 짓눌려 있었다.

도덕이나 신념은 삶의 방향을 비추는 이정표이지 복종해야 할 폭군이 아니다. 인간관계는 여러 요소와 규칙이 얽혀 돌아가는 게임이다. 그 안에서 우리는 능동적인 플레이어가

되어야지, 규칙에 갇혀 명령만 수행하는 말(Pawn)이 되어서는 안 된다. 정직, 배려, 예의 등은 관계를 부드럽게 하기 위한 수단일 뿐, 떠받들어야 할 신조가 아니다. 게다가 인간관계는 옳고 그름을 겨루는 시합이 아니다. 그보다는 서로 부딪히는 규칙을 함께 해석하고 상황에 맞게 조율해나가는 예술에 가깝다.

그날 박 사원이 이렇게 말했다면 어땠을까?

"고생한 사람, 하나 더 챙깁니다! 다들 괜찮으시죠?"

다들 웃어넘기지 않았을까. 그랬다면 신뢰를 잃을까 조마조마할 일도, 자책으로 밤새울 일도 없었을 것이다. 결국 그를 괴롭힌 것은 초콜릿이 아니었다. 정직함에 대한 강박이 만들어낸 상상 속 법정이었고, 신념이라는 프론트 맨의 손놀림에 놀아나는 게임판이었다.

회사에서 가장 먼저

배워야 할 처세

직장생활을 하다 보면 일보다 관계가 더 어렵다는 걸 느낄 때가 많다. 회의 시간에 용기 내 의견을 말했다가 분위기가 싸해지는가 하면, 처진 분위기 띄워보려다 '나댄다'라는 소리를 듣기도 한다. 그래서 한 발 물러나 있으면 소극적이란 평가가 따라온다. 나서도 문제, 물러서도 문제라는 생각에 점점 위축된다.

이처럼 조직 내 인간관계에서 길을 잃었을 때는, 대인 동기

(Interpersonal Motive)를 살펴볼 필요가 있다. 대인 동기란 관계를 맺고 유지하려는 심리적 에너지로, 크게 '지배 동기'와 '친밀 동기'로 나뉜다.

지배 동기는 관계에서 주도권을 잡거나 상황을 통제하려는 성향이다. 반면, 친밀 동기는 관계의 속도나 깊이를 조절하려는 경향이다. 누군가는 말부터 걸며 관계의 주도권을 잡으려 하지만 누군가는 미소나 눈빛부터 주고받는다. 어떤 사람은 빠르게 친해지길 원하고 어떤 사람은 시간을 두고 천천히 거리를 좁혀간다. 이런 차이는 성격보다는 대인 동기의 방향과 강도 차이에서 비롯된다.

어색한 공기가 감도는 신입사원 연수 첫 날, 정식 씨가 손을 번쩍 들었다.

"제가 조장을 해보겠습니다. 과대표도 했고, 학회장도 역임했습니다. 맡겨만 주십시오."

높은 지배 동기에서 나온 적극성이었지만 왠지 분위기가 싸하다. '아직 분위기 파악도 안 됐는데, 왜 저렇게 나대?' 그 순간 상민 씨가 조심스럽게 나섰다.

"아직 서로 잘 모르는 것 같으니 하루 정도 지난 다음에 뽑는 건 어떨까요?”

모두가 고개를 끄덕였고, 다음 날 상민 씨가 조장이 되었다. 정식 씨의 자신감은 공감력 제로로 읽혔고, 모두가 빨간불로 보고 있는데 혼자 초록불이라 착각하고 달려든 셈이 되어버렸다.

오리엔테이션이 끝나자 수진 씨가 제안했다.

“오늘 저녁, 다 같이 티타임 어때요? 빨리 친해지고 좋잖아요.”

높은 친밀 동기에서 나온 순수한 호의였지만 동기들 표정은 묘했다. 너무 갑작스러워 부담이 된 것이다. 상대의 속도와 간격을 읽지 못하면 친해지려는 의도조차 부담으로 돌아올 수 있다.

사회생활을 하다 보면 이끌어 줄 사람이 필요한 경우도 있고 묵묵히 따라주는 게 도움이 될 때도 있다. 다들 머뭇거리며 누군가 나서주길 바랄 때 과감히 손을 드는 용기는 호감을 얻지만, 조력자가 필요한 상황에서 마이크만 쥐려고 한다면 관종으로 보일 것이다.

결국 관계는 타이밍의 예술이다. 빨간불일 때 멈추고 초록

불일 때 나설 줄 아는 감각이 필요하다. 앞서 이끌어야 할 때
와 묵묵히 따라야 할 때를 구분하는 눈. 이 신호를 읽을 줄 안
다면, 불필요한 마찰이나 상처는 크게 줄어든다.

카이사르에게 없는

한
가
지

기원전 44년 3월 15일 로마 원로원.

로마 제국의 영웅 율리우스 카이사르가 동료 의원들의 단검 세례에 쓰러진다. 지금도 서양에서는 이날을 The Ides of March, '3월의 비극'이라 부른다.

8년간의 갈리아 원정을 마치고 돌아온 그를 기다리는 것은 성대한 개선식이 아니었다. 원로원의 뜻밖의 명령이었다.

"군대를 해산하고 시민 자격으로 로마에 들어오시오."

너무 커져버린 그의 위세가 원로원은 두려웠던 것이다. 그렇다고 순순히 물러설 그가 아니다. "주사위는 던져졌다!"라는 연설과 함께 루비콘 강을 건넌다. 이후 폼페이우스 대군마저 꺾고 로마 최고의 실력자로 우뚝 선다. 정치, 군사, 역사 등 거의 모든 분야에서 승리를 거머쥔 사나이. 그는 정말 이긴 걸까?

카이사르는 탁월함의 화신이었다. 전술, 통찰, 언변, 문장력, 심지어 패션까지 대중을 선도했다. 그러나 그 압도적인 탁월함이 그를 파멸로 이끌었다. 일찍이 공화정의 한계를 꿰뚫어 본 그는 과감하게 개혁을 밀어붙였다. 설득이나 조율도 없었다. 그저 압도적인 힘과 자신감으로 원로원 의원들의 숨통을 죄었다.

그런 그에게 부족한 한 가지가 있었다. 궁지에 몰린 범인(凡人)의 심정을 살피는 능력, 즉 상대 마음을 다독이는 기술이었다. 그의 유일한 약점이자 그를 종말로 이끈 치명적 결점이었다.

두려움은 적대감의 씨앗이다. 전광석화 같은 개혁에 의원들은 자신이 정치 무대에서 사라질지 모른다는 두려움에 휩싸였고, 자연스레 칼과 방패를 들었다. 이 창검을 내려놓게 하는 효과적인 방법이 유화적 제스처다. 그것은 공격하지 않을 거라는 신호이자 우리의 적은 서로가 아니라 우리 앞에 놓인 '문제'라는 사실을 깨닫게 하는 메시지다. 유화적 제스처는 복잡한 기술이나 언변이 아니다. 그저 자신의 취약성을 드러내는 한마디다. 이 짧은 고백이 적대감을 누그러뜨리고 신뢰가 스며들 틈을 만든다.

"아까는 내가 너무 흥분했었나 봐, 미안해."　_사과와 인정

"그 입장에서 보니 이해가 가네."　_공감과 관점 수용

"우리가 왜 이렇게 된 걸까? 어디서부터 풀 수 있을까?"

_도움과 협력 유도

"처음부터 너와 상의할 걸 그랬나 봐."　_후회와 존중

공격할 의도가 없다는 말과 몸짓은 상대의 경계를 해제시킨다. 그러나 카이사르는 끝내 이 부드러운 무기를 다루지 못했다. 단 한 번도 평범한 이의 처지에 놓여본 적이 없어서였을까. 그가 휘두른 것은 언제나 예리한 논리와 정복의 언어였다. 결국 그는 힘과 논리보다 훨씬 예리한 단검에 쓰러졌다. 온몸을 토가로 감싼 채, 정적이었던 폼페이우스의 조각상 발치에서.

노련한 관제사처럼

피드백하라

김 대리는 입사 7년 차. 신입도 리더도 아닌 애매한 위치다. 두 차례나 승진에 실패하고도 여전히 정시 출퇴근에 실적은 평균을 밑돈다. 실적 보고 기간이 다가오는데도 그는 별다른 위기감을 느끼지 않는 듯 보였다. 답답해진 팀장이 결국 한숨을 내쉬며 말을 꺼냈다.

"김 대리, 좀 더 분발해야 하지 않겠어? 후임들 쫓아오는 거 안 보여?"

김 대리는 고개를 끄덕였지만 그 뒤로도 변한 건 없었다. 대신 분위기만 어색해졌고 두 사람의 관계는 이전보다 불편해졌다. 고심 끝에 건넨 피드백이 불편함만 남긴 것이다. 이처럼 필요하다는 걸 알면서도 남에게 싫은 소리 하는 일은 쉽지 않다.

피드백은 단순 조언이나 지적이 아니다. 신뢰를 기반으로 한 소통 기술이며, 이를 잘 활용하려면 고도의 관계 감각이 필요하다. 피드백은 항공관제탑 교신과 닮았다. 비행기가 항로를 벗어나면 관제탑은 즉시 명확한 용어로 교신한다. "○○항공 2033, 왼쪽 200도로 진로 설정. 400피트까지 하강하라." 여기에는 감정도 평가도 없다. 오직 안전을 위한 정보만 있을 뿐이다.

만약 관제사가 이렇게 말한다면 어떻게 될까. "방향 틀린 거 안 보여? 왼쪽으로 좀 틀어!" 목적지까지 안전하게 도착하기 어려울 것이다.

노련한 관제탑처럼 상대의 행동 변화를 이끌어내는 피드백이 되려면 네 가지가 필요하다.

첫째, 확신이 있어야 한다. 할지 말지 망설인다면 차라리 하지 않는 게 낫다. 흔들리는 마음은 말에 스며들고, 상대는 그게 조언인지 비난인지 혼란스러워진다. 관계나 조직을 위해 반드시 필요하다는 확신이 설 때 시도해야 한다. 단지 답답함에서 나오는 푸념은 아닌지 점검하라.

둘째, 말이 구체적이어야 한다. 피드백은 주관적인 경험을 객관적 언어로 번역하는 기술이다. 제3자가 들어도 이해할 수 있을 때 제대로 된 피드백이 된다. 돌려말할수록 오해만 더 커진다. "나한테 대드는 거야?", "분발했으면 좋겠어" 대신 이렇게 말하는 것이 좋다.

"김 대리가 신입들 앞에서 나를 지적하니까 서운하더라고."

"지난 분기 실적이 팀 평균보다 15퍼센트 낮아. 이 추세라면 팀 목표 달성이 어렵겠어."

셋째, 소통 경로를 확인해야 한다. 상대가 피드백 받을 준비가 되었는지, 그리고 내가 그럴 자격이 있다고 상대도 인정하는지를 먼저 확인하라.

"이번 프로젝트에서 김 대리 역할에 대해 이야기 나누고 싶은데 괜찮을까?"

동의를 구하는 이 짧은 질문만으로도 피드백이 일방적인

통보가 아니라 변화를 함께 모색하는 대화가 된다.

넷째, 수용적 분위기를 조성할 필요가 있다. 인간의 뇌는 유쾌한 감정보다 불쾌한 감정에 더 민감하게 반응하도록 진화해왔다. 위험을 감지하고 대책을 세우기 위해서다. 부정적 공기를 감지하는 순간, 뇌는 즉시 방어 태세에 돌입한다. 따라서 칭찬으로 먼저 문을 여는 것이 좋다. 그 뒤에 개선점을 제시하면 상대는 훨씬 더 수용적인 반응을 보인다.

"고객 피드백 보고서가 보기 좋더라고. 기획서 초안도 일찍 보내줘서 보고가 수월했어. 그런데 지난 분기 실적 목표 달성을 위해 이 부분은 함께 논의해야 할 것 같아."

칭찬은 묻지도 따지지 않고 받아들이지만 비난은 그 이유를 알아야 직성이 풀리는 것이 인간의 본능이다. 그래서 피드백은 용기가 아니라 기술이다.

ⓒ 장동혁

3장

사람 사이에도
미학적 거리가 있다

너무 친해서

부담스러워

덩굴식물은 혼자일 때는 아무런 문제가 없다. 그러다가 다른 나무를 만나게 되면서 이야기가 달라진다. 햇빛을 차지하기 위해 더 높이 올라가야 하기 때문이다. 처절한 생존경쟁이 시작되는 것이다.

덩굴은 이웃 나무에 가지를 슬쩍 얹은 뒤 서서히 감아 오른다. 붙잡힌 나무가 가만히 있을 리 없다. 몸통을 키우며 맞선다. 밤낮 없는 힘겨루기는 둘 중 하나가 무너져야 끝이 난다. 덩굴이 끊어져 흙으로 돌아가거나, 기둥 역할을 하던 나무가 쓰러지거나.

그런데 이 풍경이 어딘가 익숙하지 않은가? '인연'이라는 이름으로 서로를 부여잡고 기싸움을 벌이는 인간관계와 닮아 있다. 애증으로 얽혀 상대를 받아들이지도, 그렇다고 끊어내지도 못한 채 긴장과 소모를 반복하는 것, 어쩌면 그것이 애증 관계의 고단한 단면일지도 모른다.

나무든 사람이든 평화롭게 공존하기 위해선 일정 거리가 필요하다. 가까우면 가까울수록 좋을 것 같아도 지나친 가까움은 상대의 숨을 조인다. 처음에는 밀착이 따뜻함과 포근함을 준다. 모든 걸 함께하다 보니 안정감도 생긴다. 그러나 시간이 지나면서 이런 밀착감은 숨막히는 무게로 바뀐다. 사사건건 모든 문제를 공유하는 친구를 떠올려보자. 한쪽이 힘들어하면 다른 한쪽은 그 문제를 자기 일처럼 여기며 해결하려 든다. 처음엔 짐을 나누어 진 듯 홀가분하다. 하지만 상황이 길어지면서 이야기는 달라진다. 내 삶의 무게만으로도 벅찰 때, 상대 고민까지 감당하려 애쓰는 마음은 결국 나를 더 지치게 만든다. 그러다 결국 "네 일이니까 네가 알아서 해"라는 말이 튀어나오고 상대는 깊은 상처를 받는다.

너무 밀착하다 보면 정작 상대가 보이지 않는다. 자신이 얼마나 괴로운지에만 몰두해 있기 때문이다. 상대를 알고 싶어 다가가지만, 오히려 상대가 사라져버리는 역설이다.

그래서 성숙한 관계는 '적당히 모를 자유'가 필요하다. 굳이 말하지 않아도 괜찮고 모든 것을 캐묻지 않아도 되는 사이가 좋다. 적당히 모른다는 건 무관심이 아니라 상대의 호흡을 존중하며 숨 쉴 공간을 내어주는 배려다. 건강한 공생은 각자 홀로 선 상태에서 서로에게 짐이 되지 않는 선을 지킬 때 가능하다.

나이가 들며 우리가 배워야 할 지혜는 '더 다가가는' 법이 아니라 '적당히 물러서는' 법이다. 너무 다가가다 서로를 옥죄고 끝내 말라비틀어지게 하는 덩굴식물이 되지 말자. 알아가야 할 여백을 남기는 관계야말로 지치지 않고 오랫동안 함께 걸어갈 수 있다.

인간관계에 현관이 필요한 이유

어느 전도사에게 들은 이야기다.

고등학교 시절, 친구들과 소위 빨간 비디오테이프를 돌려 보다가 테이프가 기기에 끼어 버렸고, 그는 당황한 채 그대로 등교했다. 그런데 하필 그날 목사인 아버지가 기기를 수리점에 맡겼고 수리점 주인인 집사로부터 민망한 연락이 왔다.

"목사님, 수리 끝났습니다. 그런데… 데크 안에… 그게…"

상황을 눈치챈 아버지는 잠시의 망설임도 없이 담담하게

말했다.

"아, 그거요? 제가 본 겁니다. 설교 준비하느라."

집에 돌아온 아들에게 아버지는 무심하게 한마디를 던졌다.

"테이프는 보고 나서 꼭 빼놓거라."

전도사의 자유롭고 여유로운 인품은 그런 아버지 밑에서 자라난 결과였다. 이런 아버지가 있는가 하면, 저금통에 손을 댄 아들을 경찰에 신고한 부모도 있다. 이렇게 자란 아이는 어떤 시선으로 세상을 보게 되었을까?

전도사의 아버지는 아들의 실수를 비난하거나 조롱하는 대신 철없을 때 저질러 볼 법한 일로 받아들여 눈감아주었다. 이런 경험은 자녀가 훗날 타인의 허물 앞에서도 관대해질 수 있는 정서적 토양이 되었다. 실수가 실패가 아닌 성장의 과정으로 존중받을 때 비로소 타인을 수용할 여유가 생기기 때문이다.

반면, 비난과 조롱의 토양에서 자란 아이는 타인을 향한 불신의 시선을 좀처럼 거두지 못한다. 어린 시절 반복된 지적의 경험은 타인 역시 자신을 심판할 것이라는 만성적인 불안을 낳고, 이는 결국 타인과의 사이에 높은 심리적 장벽을 세우는 결과로 이어진다. 인간관계를 오래 붙들어두는 힘은 완벽함이 아니다. 실수 앞에서 비난을 앞세우지 않는 태도, 스스로 정리하고 돌아올 수 있도록 조용히 시간을 내어주는 마음이 관계를 이어간다.

그런 의미에서 인간관계에도 일종의 '현관'이 필요하다. 전도사의 아버지가 아들에게 관대할 수 있었던 것은 현관에서 '목사'라는 두터운 가운을 벗고 오직 '아버지'로서 아들을 마주했기 때문이다. 현관에서 무거운 역할과 타인의 시선을 내려놓을 때 비로소 곁에 있는 사람도 진정한 쉼과 회복을 얻을 수 있다. 타인을 존재 자체로 받아들이는 이 '마음의 현관'이야말로 소중한 관계를 지켜주는 가장 따뜻한 안식처가 된다.

그가 나를 어떻게 생각하는지 아는 방법

서양 문화권이 마음을 언어로 표현하는 데 익숙하다면, 동양 문화권은 말보다는 표정이나 거리 같은 비언어적 신호에 더 많은 의미를 담는다. 우리 사회에서 발달한 눈치라는 것도 비언어적 맥락과 단서를 읽어내는 감각이다. 이 눈치 감각을 보여주는 단적인 예가 '자리 선택'이다.

오랜만에 전 직장 동료 모임에 참석했다고 가정해보자. 당신은 일찍 도착해 자리를 잡는다. 시간이 되자 하나둘 도착하기 시작한다. 누가 어디에, 어떤 자세로 앉는지에 따라 그와 나의 관계를 예상할 수 있다.

인류학자 에드워드 홀(Edward T. Hall)은 인간이 친밀도에 따라 공간을 구분한다고 보았다. 그가 제시한 프로세믹스(Proxemics) 이론에 따르면, 사람 간 물리적 거리는 곧 심리적 거리다.

활짝 웃으며 들어와 내 곁에 바짝 앉는다면? 그는 당신을 매우 편안하게 느끼고 있다. 관계의 온도가 가장 높은 구간으로 작은 터치도 무방하다. 마음 편하게 수다를 떨면 된다.(친밀 영역: 0~45cm)

"잘 지냈어?"라고 조심스럽게 말하며 가까운 쪽 사이드 자리에 앉는다면? 비밀스럽거나 중요한 이야기를 나누고 싶다는 신호일 수 있다. 그의 표정과 말투를 잘 살피자. 뜻밖의 정보를 얻을 수도 있다. "있잖아, 재무팀 김 대리가 억대 연봉 받고 경쟁회사로 옮겼대."(개인적 영역: 45cm~1.2m)

"일찍 왔네?"라고 말하며 정면에 앉는다면? 이는 협상이나 회의에 적합한 자리다. 당신을 업무 파트너 정도로 인식하고 있을 가능성이 크다. 적당히 맞장구만 쳐도 충분하다.(사회적

영역: 1.2m~3.6m)

드물지만 대각선이나 먼 쪽 사이드에 앉아 "여기 뭐 잘하더라"라며 메뉴판부터 살핀다면? 명백한 거리 두기다. 억지로 다가설 필요 없다. 상대 의중 파악하느라 힘쓰지 말고 내 할 일에 집중하면 된다.(공적 영역: 3.6m 이상)

때로는 말보다 시선, 자리, 몸의 각도 같은 비언어적 단서가 더 많은 진실을 담고 있다. 이 신호를 읽고 내 태도를 정할 수 있다면 마음 씀씀이를 크게 줄일 수 있다. 죽이 맞는 사람과 시간을 보내는 것이 훨씬 생산적이다. 굳이 나를 반기지 않는 사람 곁에서 마음을 파악하려 애쓰다 보면, 남는 것은 피로와 상처뿐이다.

을의 자리에서 벗어나는 법

정치심리학자 리안 아이슬러(Riane Eisler)는 인간관계 방식을 두 가지 모델로 설명한다. 끊임없이 비교하며 서열을 매기는 '순위 매기기 모델'과 공감과 연결을 중시하는 '관계 맺기 모델'이다.

흥미로운 점은 대부분의 관계에서 두 모델이 동시에 작동한다는 사실이다. 얼마나 노골적인가의 차이만 있을 뿐이다. 가령, 오랜만에 동창들이 모인 자리에서 누군가 집값 이야기를 꺼냈다고 해보자. 순간 머릿속에는 나의 거주 지역과 평수, 소유 현황이 스친다. 이내 노른자 지역에 아파트 두 채를 가진 친구에게 시선이 쏠리고, 그의 어깨가 미세하게 올라간다. 보이지 않는 서열표가 그려진 것이다.

연인 관계라고 해서 예외는 아니다. '관계 맺기'로 시작하지만, 어느 순간 '누가 더 아쉬운가'로 무게 중심이 옮겨간다.

'내가 뭘 잘못했나?'

'더 잘해야 하나?'

마음을 더 준 쪽은 불안해지고, 상대 기분 맞추느라 애쓰다가 결국 필요할 때만 호출되는 '을'의 자리로 밀려난다.

이 비참하고 불안정한 관계에서 벗어나려면 어떻게 해야 할까?

먼저, 관계 속에서 순위 매기기가 작동하고 있음을 인정해야 한다. 아무리 친밀하다 해도 우열을 가리는 인간의 본능은 사라지지 않는다. 관계 안에서 내가 밀리고 있다는 사실을 아는 것이 변화의 시작이다.

둘째, 허물어진 경계를 직시해야 한다. 상대가 당신의 담을 무단으로 넘나든다면, 필요한 것은 단순하지만 강력한 한마디 'NO'다.

"그건 어렵겠는데."

"너 지금 선을 넘고 있어."

물론 쉽지 않다. 옅은 미소나 다정한 부름 한마디에도 마음은 흔들릴 것이다. 특히 지위가 낮을수록 상대 요구를 거절하면 안 될 것 같다는 가짜 책임감에 빠지기 쉽다. 그러나 모욕적인 을의 자리에서 벗어나려면, 먼저 내 영역을 되찾아야 한다. 단호한 NO는 상대의 뇌를 각성시켜 당신을 다시 보게 만드는 일종의 충격 요법이다. 그로 인해 상대가 변할지는 알 수 없다. 그러나 내 경계조차 지키지 못하는 사람을 존중해줄 타인은 어디에도 없다. 두려움 때문에 경계 세우기를 미룬다면 이 서글픈 구속에서 벗어날 길은 없다.

대화 안전 수칙

교회에서 봉사하며 알게 된 선생님이 있었다. 가벼운 인사를 나누는 정도였으나 그분이 상담 공부를 시작했다는 소식에 조금 더 가까워졌다. 그러던 어느 날 그분에게서 문자가 왔다.

"뒤늦게 시작한 공부가 쉽지 않네요. 젊은 친구들과 보조 맞추기도 어렵고요. 선생님은 어떻게 하셨는지 듣고 싶어요."

용기를 내서 건넨 가볍지 않은 요청이었다. 하지만 나는 별 생각 없이 답장을 보냈다.

"그래요. 언제 밥이나 한 끼 해요~!"

나에게는 의례적인 인사였지만, 며칠 뒤 돌아온 답장은 결코 가볍지 않았다.

"고민 끝에 용기 내 문자 보낸 건데, 그렇게 가볍게 말하실 줄 몰랐어요…"

문제는, '밥이나 한 끼'라는 표현에 담긴 무게였다. 진지한 조언을 기대하며 조심스레 건넨 진심에 비해 나의 대답은 일상적인 가벼움에 머물렀다. 내 의도와 상관없이 상대의 마음을 다치게 한 '소통 사고'였다.

우리 마음속에는 보이지 않는 저울이 있다. 그 위로 말, 동작, 태도, 눈빛, 심지어 혼자서 쌓아올린 마음까지 조용히 올라간다. "내가 너를 얼마나 생각하는데"라는 말도 다 거기서 나온다. 내가 무심코 던진 가벼운 말 하나가 상대의 무거운 진심과 만나 저울의 균형이 순식간에 무너져버린 것이다.

그날 이후 나는 대화를 할 때 말의 무게를 재는 습관이 생겼다. 소통 사고를 막기 위한 일종의 방어 운전이다. 그 수칙을 소개하면 다음과 같다.

첫째, 속도를 늦춘다. 생각보다 말이 먼저 튀어나오지 않게 하는 것이다. 특히 감정이 격할 때는 잠시 입을 닫는다.

둘째, 안전 거리를 확보한다. 상대 마음과 맥락을 충분히 알기 전까지는 오해가 적은 말을 택한다. 유머나 농담도 대화의 흐름을 한번 확인한 뒤에 던져도 늦지 않다.

셋째, 신호를 살핀다. 말을 건넸을 때 상대의 표정, 반응, 눈빛은 중요한 신호다. 상대가 웃었는지 잠깐 멈췄는지 말없이 고개를 끄덕였는지 그 미세한 반응이 말의 안전을 판단하는 기준이 된다.

마지막으로, 대화의 목적지를 잊지 않는다. 지금 이 대화가 친밀감을 쌓기 위한 것인지, 감정이나 정보를 나누기 위함인지, 아니면 인정받고 싶은 마음에서인지 스스로 묻는다. 목적지를 확인한 뒤 대화의 분위기를 정하는 것. 이것이 대화의 메타인지다.

소통은 자동차 운전을 닮았다. 안전 수칙을 지키고 상대가 보내는 신호만 잘 읽어도 관계를 휘청이게 하는 치명적 충돌은 피할 수 있다.

감정을 가라앉히는

과학적인 방법

갈등이 나도 모르는 사이 눈덩이처럼 커질 때가 있다. 사소한 오해가 인지-감정-반응의 회로를 타고 돌기 시작하면 관계는 어느새 갈등의 악순환에 휘말린다. 예를 들어 살펴보자.

부서 회식 날, 볼일 보고 온 사이 사무실이 텅 비어 있다.(인지)

'그새를 못 참고 다 간 거야? 어라! 김 대리도 없네.' 하필 밖에는 비가 퍼붓는다.

'오늘 차 안 가져온 거 김 대리도 알 텐데…' 서운함과 배신감이 밀려온다.(감정)

다음날 당신은 김 대리 눈을 피하거나 쌀쌀맞게 군다.(반응)

이렇게 나도 모르는 새 인지-감정-반응의 사이클이 한 바퀴 돈다. 뒤이어 나의 반응이 김 대리의 사이클을 작동시킨다.

달라진 내 태도에 김 대리가 의아해한다.(인지)

'오늘따라 왜 저래?' 의구심과 불쾌감이 쌓인다.(감정)

결국 그도 나를 피하거나 나에게 따진다.(반응)

이렇게 서로의 사이클이 '반응'에서 맞물려 돌다 보면 갈등은 빠르게 과열된다. 이때 우리는 자신의 반응은 정당화하면서 문제의 원인을 상대에게 돌린다. 더 나아가 문제의 원인을 상대의 속성으로 설명한다. '도시 출신이라 어쩔 수 없어.' '역시 군대는 다녀와야 해.' 그러다 결국 상대를 바꾸려 들고 악순환은 더욱 거세게 돌아간다.

불화로 치닫는 회로를 끊는 방법은 단 하나, 감정에서 반응으로 넘어가기 전 작은 틈을 만드는 것이다. 감정은 본능이지만 반응은 선택이다. 텅 빈 사무실을 보고 서운한 마음이 드는 건 어쩔 수 없다. 하지만 그 감정을 파괴적으로 풀지 생산적으로 표현할지는 의지에 달렸다. 문제는, 긴장하는 순간 편도체가 활성화되며 뇌가 생존 모드로 들어간다는 점이다. 이런 상황에서 우리는 수만 년 동안의 경험을 통해 우리 몸에 밴 세 가지 반응에 갇힌다.

① 공격(Fight): 싸운다.

② 도망(Flight): 두려움에 피한다.

③ 얼어붙기(Freeze): 초긴장 상태로 꼼짝하지 못한다.

본능을 극복하고 대화를 통해 합의에 이르기 시작한 것은 인류 역사를 봐도 최근의 일이다. 그래서 선택하기 쉽지 않다.

이때 단순하지만 강력한 탈출구가 있다. 심호흡이다. 효과가 있을까 싶겠지만 호흡 조절은 간단하면서 즉각적 효과를 낸다. 숨을 깊게 세 번 들이마시고 천천히 내쉬는 것만으로도 부교감 신경계가 자극돼 심장 박동은 서서히 안정을 되찾는다. 감정의 격랑이 잦아들 무렵 이성이 고개를 든다. 이때 비로소 질문이 떠오른다.

'김 대리가 정말 날 무시해서 혼자 출발한 걸까?'

'혹시 다른 사정이 있었던 건 아닐까?'

이런 질문들이 감정의 탁류를 흘려보낸다. 남은 앙금은

대화로 풀면 된다. 다만, 비난이 아닌 공유의 언어로 표현해야 한다.

"그날 말도 없이 출발했던데, 무슨 일 있었어?"

"아, 회식 장소에 미리 가서 준비하라는 지시가 있었어."

"그랬구나. 다음엔 변동 사항이 있으면 문자로라도 알려 줘."

"좋아, 앞으로 차를 안 가져온 날은 미리 알려주면 좋겠어."

같은 서운함도 언제, 어떻게 표현하느냐에 따라 분노가 되기도 하고 이해를 구하는 솔직함이 되기도 한다. 감정은 통제할 수 없는 영역이지만 감정을 표출하는 방식에는 선택권이 있다.

감정과 반응 사이에 존재하는 그 짧은 찰나에 '긴 호흡 하나'를 채워 넣는 것만으로도 관계를 파괴하는 악순환의 굴레를 멈출 수 있다.

'쟤 왜 저래?' 이 말을 자주 한다면

출장을 마치고 피로를 풀러 들어간 사우나는 말 그대로 소음의 도가니였다. 온탕에는 수증기가 자욱했고 바닥에서는 물이 부글부글 솟구쳤다. 세 줄기 폭포수가 쉼 없이 쏟아지는 냉탕에서는 한 노인이 평형에서 접영까지 시도하며 물보라를 일으켰고, 또 다른 남자는 한 마리 북극곰처럼 물에 몸을 던졌다. 순간 일본의 한 시골 온천장이 떠올랐다. 문 여닫는 소리마저 조심스러운 고요 속에서 사람들은 발끝부터 천천히 몸을 담갔다. 마치 무슨 의식을 수행하는 것 같았다.

두 나라 간 차이는 스포츠에서도 드러난다. 한국의 씨름이 흥과 포효가 가득한 모래판에서 관중의 호흡을 받아 힘을 터뜨리는 동적인 경기라면, 일본의 스모는 비장한 표정, 엄격한 예식, 그리고 패자가 묵묵히 도효를 내려오는 장면까지 하나의 의식에 가깝다. 당연히 샅바를 두고 벌이는 신경전이나 판정에 대한 시비도 없다.

이렇게 다른 문화에서 자란 사람이 만나면 서로를 이해할 수 있을까. 한국식 활기와 소란은 일본에서는 무례로 비치고, 일본식 절제와 정숙은 한국에서 속내를 알기 어려운 거리감으로 받아들여진다. 옳고 그름의 문제가 아니다. 단지 다름의 문제다. 틀림과 다름은 구별돼야 하고, 다름을 대하는 최악의 태도는 '쟤 왜 저래?'라는 반응이다. 이 말 속에는 이해보다는 판단이, 호기심보다는 비난이 담겨 있다.

무의식적으로 타인을 판단하는 것은 인간의 본능이다. 즉각적 판단이 생존을 좌우했던 시대의 흔적은 지금도 우리 뇌에 남아 낯설음을 위협으로, 차이를 혐오로 번역한다. 빠른 판단에 따라 먼저 행동한 뒤에 그 이유를 붙이는 행위를 합리화라 부른다.

관점을 전환하는 능력은 이성을 지닌 인간만의 특권이다. "쟤 이상하지 않아?"라는 단정 대신 질문을 던질 수 있다.

"무슨 사정이 있을까?"

"내 판단이 과연 옳은 걸까?"

"다른 사람들은 어떻게 보고 있을까?"

이런 질문이 불필요한 충돌을 막고 오해를 줄이며 관계를 지켜준다.

물론 모든 차이가 존중의 대상은 아니다. 거짓, 폭력, 차별처럼 타인에게 해를 끼치고 공동체를 무너뜨리는 행위는 다름이 아니라 '문제'다. 이때는 "그건 잘못"이라고 말해야 한다. 다만, 비난이나 다그침만으로는 아무것도 바꿀 수 없다. 상대는 방어적으로 나오고 대화의 문은 닫힌다. 틀린 점을 지적하되 상대의 생각을 듣고 개선책을 함께 모색하는 일, 이 모든 과정에는 에너지가 들고 인내가 따라줘야 한다. 어쩌면 그 수고가 번거로워 우리는 질문 대신 판단을, 이해 대신 비난을 선택하는지도 모른다.

이럴 땐 설득하려고

하
지
마

야간 자율학습 시간, 절친이 자기가 만든 멜로디 키트를 내밀며 의기양양하게 말했다.

"앞으로 피아노는 다 사라질 거야. 이게 똑같은 소리를 내거든."

클래식 음악 마니아이던 나를 향한 도발처럼 들렸다.

"그럴 리가! 피아노엔 피아노만의 가치가 있지."

사소한 말 한마디로 시작된 싸움은 급기야 야간 학습 끝날 때까지 이어졌다. 결론은 없었고 우리는 며칠 동안 서로 눈을 피했다. 나중에서야 깨달았다. 우리가 싸운 건 피아노나 키트 때문이 아니었다는 것을.

갈등 상황에서 우리는 드러난 이슈에 집중한다. 하지만 이슈는 빙산의 일각에 불과하다. 그 아래로 훨씬 더 크고 강력한 층위들이 숨어 있다.

당시 우리가 붙잡고 있던 쟁점은 분명했다. 표면적으로는 '클래식은 영원하다 vs 효율이 대세다'를 놓고 붙은 취향 내지 시대감각의 문제처럼 보였다. 하지만 속을 들여다보면 이 싸움은 서로 놓치고 싶지 않은 이해관계를 두고 벌어진 충돌이었다. 나에게 클래식은 단순한 취미가 아니라 나를 설명하는 언어였다. 친구에게 키트와 디지털은 시대를 앞서가는 선택이자 자신의 안목을 증명하는 도구였다.

그보다 더 아래에는 욕구가 꿈틀대고 있었다. 피아노가 별것 아니라는 말에 내가 격하게 반응했던 이유는 마치 나 자신이 무시당한 것처럼 느꼈기 때문이다. 결국 우리 둘 다 인정받고 싶은 욕구, 나로서 존재하고 싶다는 욕구에 사로잡혀 있었다.

가장 깊은 곳에는 신념이 자리하고 있었다. 나는 전통과 본질을 중시했다. 시간을 견뎌 살아남은 데에는 이유가 있다고 믿었다. 친구는 효율과 진보를 신뢰했다. 더 나은 도구가 있다면 언제든 바꿀 수 있다고 여겼다.

결국 우리는 피아노와 키트를 두고 싸운 것이 아니었다. 감정이라는 파도 아래에서는 세계를 이해하는 방식과 믿음이 조용하지만 강력하게 충돌하고 있었다.

얼마 전 장난감을 두고 다투는 꼬마 형제의 영상을 본 적이 있다. 동생이 "형이니까 양보해야지"라고 소리치자 형은 "아니야, 누구에게나 공평해야지"라고 맞받아쳤다. 어리지만 한쪽은 질서와 위계를, 다른 한쪽은 공정과 평등을 붙잡고 있었다.

욕구가 우리를 움직인다면, 신념은 버티게 만든다. 그래서 신념 싸움은 지난하고 그 상처는 깊다. 신념은 오랜 경험과 아픔 위에 세워진 믿음의 지층이기 때문이다. 그래서 대개 한번 자리잡으면 쉽게 바뀌지 않는다. 그렇기에 타인의 신념과 마주했을 때 필요한 것은 설명이나 설득이 아니다. 왜 그렇게 생각하게 됐고 왜 그게 중요한지를 묻는 일이 먼저다. 이때 어떤 의도도 없이, 그저 알고 싶다는 마음으로 묻고 듣는 것이 중요하다. 당시 내가 성숙했다면 친구에게 이렇게 물었을 것이다.

"넌 왜 시간만 나면 전자회로를 그려?"

"난 전자기기가 좋아. 그쪽으로 공부하고 싶어."

질문과 대답 속에서 나는 친구의 관심사와 그 속에 숨은 꿈을 보았을 것이다. 아쉽게도, 당시 나는 갈등이란 빙산을 어떻게 다뤄야 하는지 알지 못했다.

호감을 얻는 리액션은

따로 있다

회의가 끝나자 두바이에 다녀온 김 대리가 초콜릿 상자를 꺼냈다. 화려한 금박 포장만으로도 사람들의 시선을 단번에 사로잡았다. 하지만 반응은 제각각.

"두바이 한정판 맞죠? 요즘 품절이라던데, 얼른 먹어보고 싶네요."

상대의 기분을 돋우고 자연스럽게 대화를 이어가게 하는 좋은 리액션이다.

기계적이고 중립적인 반응도 있다.

"포장에 꽤 신경 썼네요. 가격대 좀 있겠어요."

문제는 없지만 감동을 이끌어내지는 못한다.

찬물을 끼얹는 경우도 있다. 부정적 비교나 정보 제시형 리액션이다.

"전에 먹어봤는데 생각보다 별로더라고요."

"당분이 세계보건기구 하루 섭취 기준을 훨씬 넘었네요."

정보 전달처럼 보이지만 상대의 이성을 작동시켜 대화 온도를 낮출 뿐이다. 이런 말을 들으면 다들 머릿속에서 초콜릿에 관한 데이터베이스를 뒤지고 있을 것이다.

좋은 리액션은 언제나 상대방을 중심에 둔다.

"와, 구하기 정말 힘들다던데, 드디어 영접하나요!"

초콜릿을 준비한 김 대리의 배려와 노력을 인정해 주는 말이다. 작은 감탄이나 놀라움, 감사의 표현 하나가 불러오는 공감의 힘은 생각보다 크다.

"이 초콜릿, 최고 제품에게 주는 무슨 상을 받았다고 하던데, 뭐였죠?"

자연스럽고도 기분 좋은 방식으로 상대방을 화제의 중심

으로 이끄는 리액션이다. 이때 김 대리는 선물을 가져온 사람이 아니라 대화 주인공이 된다.

은근히 분위기를 깨는 리액션도 있다. '가르침형 리액션'이다. 정보를 전하는 듯하면서 지적 우월감을 드러내려는 시도다. 대화를 위계 구조로 바꾸면서 상대를 뭉개는 대화법이다. 주변에 그런 사람이 의외로 많다.

"다들 초콜릿의 기원 알아?" "초콜릿은 말이야, 기원전…"

갑작스러운 강의를 좋아하는 사람은 없다. 특히 자기 과시처럼 느껴질 때 더욱 그렇다. 원치 않는 강의 세례에 사람들은 자리를 뜨고 싶을 것이다. 사람들 관심을 자기 쪽으로 끌어오는 행위는 리액션이 아니라 상대의 공을 잽싸게 낚아채는 스틸일 뿐이다.

최고의 리액션과 최악의 리액션을 가르는 기준은 '누가 주인공인가'에 달려 있다. 상대가 화제의 중심에 서도록 이끄는 사람, 그가 바로 리액션 고수다. 늘 자신을 드러내려 애쓰는 사람은 자기 기분과 위신이 먼저다. 이들에게 리액션은 자신을 돋보이게 만드는 반사판에 불과하다.

누구에게나 발작

버튼이 있다

얼마 전 동네 공원에서 한 연인의 말다툼을 듣게 되었다. 남자가 몸이 좋지 않은 여직원을 집까지 바래다 준 것이 논쟁의 불씨였다.

"그걸 왜 영민 씨가 해? 다른 사람은 없었어?"

"제대로 걷지도 못하는 여직원을 그냥 두고 오라고?"

"나한테 좀 그렇게 해 봐."

여자는 '여자 친구'로서의 정체성이 위협받았다고 느꼈고,

남자는 지나친 간섭이라 여겼다. 내 영역이 침범당했다는 인식, 그것이 충돌의 본질이었다.

동물의 영역은 물리적이고 경계가 명확해서 침범당하는 즉시 이를 드러낸다. 그러나 인간의 영역은 가치관이나 정체성처럼 무형의 정신적 층위로 이루어져 있다. 그러다 보니 침범한 이조차 무엇을 건드렸는지 모른 채 갈등에 불을 지피곤 한다.

특히 우리는 확신을 부정당할 때 분노를 느낀다. 하지만 불쾌함을 느낄 때마다 논쟁으로 해결할 수는 없다. 이 충돌이 끝까지 싸워 답을 얻어내야 할 문제인지, 아니면 잠시 물러나야 할 문제인지 분별하는 혜안이 필요하다. 그러기 위해서는 지금 충돌하고 있는 확신이 어떤 성격의 것인지 구분할 필요가 있다.

확신에는 두 종류가 있다. 먼저 기술적 확신(Descriptive Conviction)이 있다. 통계나 데이터로 검증 가능한 영역이다. '백신은 사망률을 줄인다', '기온은 점점 오르고 있다'와 같은 명제들이 그렇다. 어떤 입장이 더 타당하고 그럴 만한가를 두고 토론할 수 있으며, 건설적인 대화가 가능하다.

반면 규범적 확신(Normative Conviction)은 개인의 경험과 가치관에서 비롯된 것으로, 결론 짓기 어렵고 난상토론이 되기 쉽다. '남편 밥은 차려줘야 한다', '강의실에서는 모자를 벗어야 한다'와 같은 당위적 주장이 여기에 속한다. 앞에서 연인이 다툰 문제, '어디까지가 배려이고 어디서부터 비매너인가' 역시 명쾌한 답이 존재하지 않는다. 이는 전적으로 개인 가치관에 따라 달라지는 규범적 확신의 영역이다. 규범적 확신에 속한 문제라면 아예 논쟁을 시작하지 않는 게 현명하다. 다음과 같은 태도가 관계를 지키는 안전장치다.

"이건 쉽게 결론 날 문제가 아닌 것 같아."

"이쯤 해두고 각자 생각을 정리해보는 건 어때?"

이런 유보적인 태도가 소모적인 논쟁을 막아준다.

세상은 누구 하나의 생각으로 정리되기엔 너무 복잡하다. 단순하고 명쾌한 설명일수록 진실에서 멀고, 자기 생각에 세상을 꿰어 맞췄을 가능성이 높다. 그러므로 다툼이 시작되기 전 충돌이 일어난 주제를 확인해야 한다. 다시 말해, 다툰다고 결론이 날 문제인가를 스스로에게 물어야 한다. 만약 가치관 충돌의 문제라면, 한 발 물러서서 상대의 시각을 인정하는 것이 실질적으로 이기는 길이다.

"네 말도 일리가 있네. 각자 좀 더 생각해보자."

진짜 승리는 상대를 꺾는 게 아니라 소중한 관계를 잃지 않는 데 있다. 아니나 다를까 공원에서 다투던 연인은 결국 각자의 길로 돌아섰다.

갑자기란 없다

히가시노 게이고의 《나미야 잡화점의 기적》에는 인연이 얼마나 사소한 계기로 끊어질 수 있는지를 보여주는 장면이 있다.

빚쟁이를 피해 야반도주하려는 부모를 따라가는 것이 옳은지를 고민하던 중학생 고스케. 그는 이 사연을 담은 편지를 같은 동네에 사는 나미야 씨에게 보낸다. 긴 고민 끝에 나미야 씨는 이렇게 충고한다. "한번 흩어진 가족은 다시 하나 되기 쉽지 않다." 그 조언에 따라 고스케는 부모와 함께 도망치기로 결심한다. 하지만 그의 삶을 바꾼 결정적 순간은 그 이후에 찾아온다.

아버지는 손을 씻지 않고 화장실을 나갔다. 그 뒷모습을 바라보며 고스케 안에 있던 어떤 끈이 뚝 소리를 내며 끊겼다.*

깊은 새벽, 인적이 드문 휴게소 화장실에서 목격한 아버지의 대수롭지 않은 행동 하나가 가족을 이어주던 마지막 끈을 끊어버린다. 결국 고스케는 곁에 서 있던 트럭 짐칸에 몸을 숨긴다.

이 장면이 인상적인 건 관계가 끊어지는 계기가 얼마나 작고 사소할 수 있는지를 보여주기 때문이다. 관계란 마치 일정한 궤도를 도는 행성처럼, 의존하고 싶은 마음과 거리를 두고 싶은 마음 사이의 미묘한 균형 위에 놓여 있다. 그 미묘한 균형은 말 한마디나 행동 하나에도 쉽게 흔들린다. 상대가 저지른 사소한 실수를 그 사람 전체로 해석하는 경향 때문이다. 심리학에서는 이를 스태킹 오류(Stacking Error)라 부른다. 해소되지 못한 실망과 불만이 차곡차곡 쌓이다가 임계점을 넘

* 히가시노 게이고 저, 양윤옥 역, 《나미야 잡화점의 기적》, 현대문학, 2022년, 278쪽

는 사소한 계기로 폭발하는 현상이다. 예를 들어, 약속 시간에 자주 늦는 친구를 생각해보자. 평소 불만스러웠지만 "바쁘니까 이해해야지"하고 넘겼다. 어느 날 영화 관람 약속에 5분 늦자 나도 모르게 "자기 관리도 못하는 너랑 뭘 더 하겠냐"며 화를 낸다. 단순히 5분 늦은 게 문제가 아니라 그동안 누적된 실망과 불만이 한꺼번에 터져나온 것이다.

"내 그럴 줄 알았어"라는 말이 스태킹 오류의 전형적인 반응이다. 작은 언행 하나가 사람 전체를 덮어버리는 것이다. 하지만 사소한 언행 하나로 그 사람 인격 전체를 단정 짓는 것은 너무 가혹한 일이다. 우리 역시 완벽하지 않다는 사실로 볼 때 더욱 그렇다.

아버지의 사소한 행동 하나가 고스케를 가족에서 멀어지게 했듯, 나의 무심한 언행도 직장이나 가족, 친구 사이에서 뜻밖의 결과를 낳을 수 있다. 그 순간만 보면 사소한 말 한마디, 무심한 몸짓 하나가 모든 것을 무너뜨린 것처럼 보이지만, 실제로는 켜켜이 쌓여 있던 오해와 불만 위에 떨어진 마지막 한 방울일 수 있다.

절벽은 하루아침에 무너지지 않는다. 오랜 세월 스며든 물과 바람이 지층을 깎아낸 끝에 아주 작은 충격으로도 붕괴되듯 관계도 그렇다. 무심코 던진 말이 관계의 지층을 조금씩 침식하다가 사소한 계기로 무너질 수도 있다. 사소함의 무게를 가벼이 여겨서는 안 되는 이유다.

어처구니없는 일로 관계가 틀어졌다면, 억울해하기 전에 한 번쯤 돌아봐야 한다. 상대는 어쩌면 오래전부터 마음속에 서운함을 쌓아두고 있었을지도 모른다. 반대로 내가 누군가에게 폭발하기 직전이라면, 지금의 분노가 현재의 일 때문인지 아니면 표현하지 못하고 쌓아둔 감정 때문인지 구분해보는 지혜가 필요하다.

ⓒ 장동혁

4장

나를 갉아먹는 관계에서
벗어나는 법

만날수록 소진되는

관계가 있다면

진정한 우정은 만나기도 어렵지만 유지하기는 더 어렵다. 한 시인은 묻는다. 세상이 나를 버려도 끝까지 지지해 줄 사람, 가족을 안심하고 맡길 수 있는 사람이 있는지. 또 다른 시인은 저녁 먹고 허물없이 찾아가 차 한잔 청할 수 있는 사람, 옷에 김치 냄새가 배어 있어도 고개 돌리지 않을 사람이 곁에 있어주길 바란다. 이런 친구가 곁에 있다는 것은 분명 큰 축복이다.

반면, 함께할수록 마음이 무거워지는 친구도 있다. 매사에 부정적이고 경쟁적이며 잘못을 인정할 줄 모르는 사람, 모든 문제를 남 탓으로 돌리는 사람이 그렇다. 이런 경우 애초에 거르면 된다.

정말 고민되는 부류는 따로 있다. 좋으면서도 버거운 사람, 궁금하다가도 막상 만나려니 마음이 무거워지는 사람, 만나면 웃고 떠들지만 돌아서면 이유 모를 피로가 남는 사람이 여기에 해당한다. 다시 말해, 좋아하면서도 거리를 두고 싶은 양가감정을 불러일으키는 친구다.

내게도 그런 친구가 있다. 오래 알고 지냈지만 막상 떠올리면 마음이 개운치 않다. 그는 언제나 대화의 중심에 서려 하고, 모든 결정을 자신이 내려야 직성이 풀린다. 테이블 정리는 외면하면서도 건배사만은 꼭 챙긴다. 예전엔 웃어넘기던 행동이 이제는 마음을 긁는다.

물론 그 친구만의 문제는 아닐 것이다. 내 안의 기대가 좌절되었거나 오래된 상처가 건드려진 탓일지도 모른다. 하지만 분명한 사실은, 내 감정과 에너지가 지속적으로 소진되는 관계라면 점검이 필요하다는 점이다.

양가감정을 불러일으키는 친구가 당신에게 소중한 사람이라면, 가장 먼저 할 일은 내 감정을 솔직하게 털어놓는 것이다.

"오늘 네가 모든 걸 결정하려고 할 때 조금 불편했어. 왜 그렇게 하는지 궁금해."

진짜 친구라면 흘려듣지 않고 자신의 행동을 돌아볼 것이다. 만약 털어놓기조차 어렵거나 상대가 회피로 일관한다면 거리를 두는 게 옳다. '요즘 바빠서 정신이 없다'는 말로 만남 간격을 늘리거나 다른 친구들과 함께 만나는 등 관계의 패턴을 조정하는 것도 현명한 방법이다. 어쩔 수 없이 자주 봐야 한다면 마음속에 경계를 그어야 한다.

'저건 저 친구의 방식일 뿐, 말려들 필요 없어.'

이렇게 마음먹는 것만으로도 요동치던 감정의 중심이 돌아온다.

경계 긋기(Boundary Setting)는 관계를 끊어내는 행위가 아니라 감정의 소진을 막고 스스로를 보호하는 기술이다. 좋아하면서도 동시에 나를 버겁게 만드는 관계 앞에서 자신을 보호하기 위해 적절한 거리를 두는 것은 이기심이 아니다. 그것은 정서적 자원을 효율적으로 관리하고 소중한 이들을 지켜내기 위한 선택이다.

양가감정을 일으키는 사람에게 주의를 뺏기다가 정작 소중한 사람에게 소홀해서는 안 된다. 삶에 쉼과 활력을 주는 사람을 만나기에도 인생은 짧다.

법원을 나서며 커플들이 가장

많이 하는 말

다른 한편, 자신이 와서 발생한 고통을 짐작조차 하지 못한 바센카는 키티를 따라 테이블에서 일어났다. 그리고 미소를 짓고는 부드러운 눈빛을 키티에게 보내며 뒤를 따랐다. 레빈은 그 눈빛을 보고 창백해져서는 숨도 제대로 쉬지 못했다. '나의 아내를 어쩜 저런 눈빛으로 볼 수 있지?' 레빈의 속은 끓고 있었다.*

* 레프 톨스토이 저, 장영재 역, 《안나 카레니나》 3권, 더클래식, 2017년, 49쪽

《안나 카레니나》 속 레빈이 겪는 질투는 우리 마음이 인지 오류의 함정에 얼마나 취약한지를 상징적으로 보여준다. 자신을 늘 편안하게 해주던 노공작 대신 세련된 낯선 신사의 등장은 레빈의 마음을 순식간에 뒤흔든다. 열등감에 상상력이 더해지자 상대는 어렵게 얻은 행복을 위협할 약탈자로 비친다. 이처럼 관계를 뒤흔드는 갈등은 객관적 사실이 아니라, 뇌가 편집하고 연출한 드라마에서 시작된다. 우리는 세상을 있는 그대로 보고 있다고 느끼지만 실제로는 감각기관이 보낸 신호를 뇌가 재구성한 현실을 목격하고 있을 뿐이다.

예컨대, 늦은 밤 컴퓨터 앞에 앉아 있는 초등학생 자녀를 보고 부모는 생각한다. "어휴, 또 딴짓하고 있네." 경험이라는 렌즈를 통과해 재구성된 현실, 즉 해석이다. 같은 장면을 보고도 훈련된 탐정은 이렇게 기록한다. "새벽 2시, 초등학교 5학년으로 보이는 남자아이가 모니터를 응시하고 있음." 이것이 관찰이다.

우리는 눈으로 세상을 본다고 믿지만 실제로는 뇌로 세상을 본다. 뇌가 일단 판단을 내리면 감각기관은 그에 맞춰 반응한다. 그래서 아들을 말썽쟁이로 규정해버리면, 컴퓨터 앞에 얌전히 앉아 있는 모습조차 딴짓하는 것처럼 보이게 된다. 왜 이런 오류가 생기는 걸까? 효율성 때문이다. 외부의 모든 신호를 처리하기에는 뇌의 에너지가 한정적이다. 그래서 우리 뇌는 익숙한 패턴에 맞춰 일부 정보만을 선택해 처리한다. 그 과정에서 자신의 믿음을 뒷받침하는 정보만 수용하는 확증 편향이 일어나 상대의 의도를 왜곡한다.

동료의 답장이 늦거나 연인의 태도가 달라질 때 뇌는 질문을 생략한 채 성급히 결론부터 내린다. '내 부탁이 거절당한 거야' 혹은 '마음이 변한 게 분명해'라는 식이다. 특히 상대에 대한 신뢰가 부족하거나 정서적 의존도가 높을수록 뇌는 최악의 시나리오를 가동한다. 이 함정에서 벗어나기 위해서는 상대에 대한 과도한 의존을 거두고 신뢰를 키우는 방향 전환이 필요하다. 그래도 마음이 진정되지 않는다면 결국 가장 단순하면서도 본질적인 해결책만이 남는다. 뇌의 편집증적인 연출을 멈추고 상대에게 직접 묻는 것이다.

"왜 내 메시지에 답 안 했어? 혹시 무슨 일 있었어? 걱정돼서."

그럼에도 우리는 관계가 틀어질까 봐, 속 좁아 보일까 봐 두려워 묻기를 주저한다. 확인이 곧 사실이 될까 걱정하며 모호함 속에 머물기를 택하기도 한다. 진실을 피하는 것이야말로 관계를 서서히 무너뜨린다는 사실을 모른 채. 질투심에 빠져 사랑하는 아내를 의심한 레빈처럼 말이다.

레빈이 이렇게 물었으면 어땠을까.

"키티, 그 사람 인상 어때?"

법원 문을 나서면서 커플들이 가장 많이 하는 말이 있다고 한다.

"그때 그 말이 그 뜻이었어?"

속마음을 털어놓고 싶은 사람이 되는 법

스페인에서 사온 머그잔에 아메리카노를 따르던 김 주임이 말한다.

"모닝커피는 하얀 잔에 마셔야 맛있더라고요."

종이컵에 봉지 커피를 타고 있던 오 부장이 퉁명스럽게 대꾸한다.

"노란 컵이든 파란 컵이든 다 똑같은 커피지, 성분이 달라져?"

여행담을 나누며 즐겁게 업무를 시작하려던 김 주임이 슬그머니 자리로 돌아간다.

오 부장처럼 상대의 말을 있는 그대로 받아들이기보다 교정하려는 충동을 바로잡기 반사(Righting Reflex)라고 한다. 필라테스로 몸이 좋아졌다는 친구의 말에 "기사에 보니까, 관절에 무리가 될 수도 있다던데?"라며 찬물을 끼얹었거나, 흥이 올라 노래방으로 가는 팀원들에게 "다음 주 프로젝트 시작인데, 이렇게 풀어져도 될까?"라고 분위기를 꺾는 것. 모두 바로잡기 반사의 예다.

우리는 왜 그렇게 바로잡으려 할까. 타당한 근거를 제시하면 상대 생각이 바뀔 거라는 착각 때문이다. 하지만 연구는 정반대 결과를 보여준다. 자기 생각과 감정이 무시당했다고 느껴 더 강하게 자기 주장을 붙잡는다. 설득하려 할수록 간극은 더 벌어진다.

사실 바로잡기 반사 아래에는 더 깊은 욕구가 숨어 있다. 대화를 주도하고 싶은 욕구, 겉으로는 조언과 도움의 얼굴을 하고 있지만 그 이면에는 우위에 서고 싶다는 욕구가 자리하고 있다. 그러나 일상에서 대화는 진리 탐구라기보다는 교감을 나누는 장일 때가 더 많다. 이럴 때 중요한 것은 오류를 찾아내거나 더 타당한 근거를 제시하는 능력이 아니라 말 뒤에 숨은 감정을 읽어내는 감각이다.

"자식 키우기 참 힘드네"라는 친구의 말에 "다른 집은 안 힘든 줄 알아?", "그런 줄 모르고 아기 낳았어?"라며 받아친다면 대화는 공격과 방어의 게임으로 전락한다. "나만 그런 줄 알았는데 너도 그렇구나. 정말 힘들지?"라고 맞장구치는 순간 상대는 방어막을 거두고 비로소 속마음을 꺼낸다.

우리가 바라는 대화 상대는 옳은 말을 하는 사람이 아니라 마음을 헤아리고 받아주는 사람이다. 그런 사람이 되고 싶다면 정답을 말하려 애쓰기보다는 이 말이 어떤 마음에서 나왔는지를 먼저 살펴야 한다. 대화는 정보가 아니라 신호이기 때문이다.

협박은 범죄자만 하는 게 아니야

"너는 할머니가 가엾지도 않은가 보구나."

"가족보다 더 소중한 게 있다고 생각하니?"

"다들 널 무정하다고 하던데?"

이런 말에는 고함도 그 어떤 명령도 없다. 그런데 이상하게 마음 한편이 불편하고 위축된다. 강압은 아닌데 묘하게 통제받는 기분. 이것이 바로 감정적 협박의 시작이다. 감정적 협박은 죄책감을 주는 몇 마디 말로 상대를 흔들어 원하는 것을 얻어내는 행위다. 협박에 걸려든 사람은 해명과 변명으로 스스로 무너진다.

"해주기 싫다는 게 아니라 지금 좀 바쁘단 말이에요."

이 대꾸 속엔 이미 미안함과 굴복의 뉘앙스가 섞여 있다.

심리학자 수잔 포워드(Susan Forward)는 감정적 협박의 핵심을 안개(FOG)로 설명했다. Fear(두려움), Obligation(의무감), Guilt(죄책감) 이 세 감정을 교묘히 활용해 상대의 판단을 흐린다. 그러다 보면 어느새 스스로 무릎을 꿇고 상대가 원하는 바를 들어주고 있다.

감정적 협박자는 '넘어가기 쉬운' 사람을 기가 막히게 알아본다. 평화를 지나치게 중시하는 사람, 타인의 기대를 저버리지 못하는 사람, 좋은 사람으로 남고 싶은 사람. 이들은 누군가에게 상처 주는 걸 두려워한다. 그래서 남에게 상처를 줄 바에는 스스로를 상처 입히고 만다. 요구가 거절당할 기미가 보이면, 협박자는 죄책감을 자극하는 말을 던진다. 그러면 상대는 반사적으로 억울함과 불안을 해명하려 애쓴다. 거절이 미안해 시작한 해명은 오히려 덫이 된다.

"저번에도 도와드리지 않았나요?"

“기분 나쁘게 할 생각은 없었어요.”

“어떻게 해야 기분이 풀리겠어요?”

이런 말은 감정적 협박자의 논리를 약화시키지 않는다. 오히려 상황이 좋아지면 해줄지도 모른다는 여지만 남길 뿐이다. 변호하려 하면 할수록 안개는 짙어지고, 대화는 결국 이렇게 끝난다.

“알겠어요. 해드리면 되잖아요”

안타까운 건 피해자 스스로 협박을 합리화한다는 점이다.

“가족이니까.”

“그래도 부모님이잖아.”

“친구니까 이 정도는 참아야지.”

이렇게 스스로를 설득하는 순간 안개는 더욱 짙어진다. 감정적 협박이 가족이나 연인, 오래된 친구처럼 가까운 사이에서 주로 발생하는 이유다.

이 슬픈 속박에서 벗어나려면 먼저 해명을 멈춰야 한다. 논리로 설득하려 들수록 더 짙은 안개 속으로 들어갈 뿐이다. 변명 대신 차분하지만 단단한 말이 필요하다.

“그럴 수도 있겠네요. 하지만 제 생각은 달라요.” 협박의 힘을 빼는 말이다.

"지금은 그 이야기를 하고 싶지 않아요. 나중에 애기하죠."
감정적 공격을 차단하는 말이다.

그래도 상대가 멈추지 않는다면, 그것이 감정적 협박임을
분명히 해야 한다.

"지금 저를 협박하시는군요. 그만하세요."

나를 깎아내리는 말, 나를 이용하려는 태도, 나를 불편하
게 만드는 분위기 속에서 억지로 웃으며 버티는 일은 미덕이
아니다. 안개가 밀려온다면 과감하게 '멈추라' 요구해야 한다.
그러고도 상대가 바뀌지 않는다면 관계를 정리하는 게 맞다.
문이 열려 있다고 해서 반드시 들어갈 필요는 없다. 어떤 문
은 들어서지 않는 것이 가장 안전하다.

자유로운 사람은

슈
드
가   적
다

중학생이던 큰 조카는 방학만 되면 우리집에 와서 지내곤 했다. 사춘기 조카에게 가족은 때로 부담이었고, 우리집은 잠시 숨을 고를 수 있는 피난처였다. 언젠가 방학이 끝나갈 무렵 조카를 버스에 태워 보내고, 도착할 시간쯤 잘 갔는지 확인차 전화를 걸었지만 받지 않았다. 다음날에서야 연락이 왔다.

"어제 왜 전화 안 받았어?"

"TV에서 재밌는 거 하고 있어서요."

순간 서운함이 올라왔다. 겨우 TV 때문에 전화를 안 받아? 발끈했다가 이내 생각을 바꿨다. 조카는 약속을 어긴 것도 무례하게 군 것도 아니다. 단지 내 안에 있던 슈드(Should) 즉, '그렇게 해야만 한다'는 내면의 규범이 작동했던 것뿐이다. '삼촌 전화면 받아야지'라는 슈드가 일방적으로 활성화된 게 문제였다.

우리 안에는 수많은 슈드가 자라고 있다.

'남자 친구라면 연락은 바로 받아야 해.' '집안은 늘 정리되어 있어야 해.' '친구라면 내 글에 반응해야 해.'

이런 기준은 서로 합의한 약속이 아니라 각자의 내면에서 자라난 규범들이다. 문제는, 이들 규범이 상대를 통제하는 도구로 이용될 때다. 상대가 내가 정한 기대를 충족하지 못했을 때 우리는 무시당했다고 느끼거나 애정이 식었다고 해석한다.

슈드는 본래 관계를 안정시키려는 심리적 장치지만 유연성을 잃는 순간 당연한 요구나 압박으로 변한다. '친구 간 신의가 중요하다'는 규범은 '친구라면 이런 건 챙겨줘야 한다' 내지 '좋아요를 눌러줘야 한다'는 요구로 변용된다. 이때 슈드는 관계의 윤활유가 아니라 법처럼 군림한다.

서운함은 슈드가 충족되지 않을 때 울리는 심리적 경보음이다. 서운할 때 우리는 흔히 상대에게 문제가 있다고 생각하지만 실제로는 '내가 정한 기준을 상대가 따르지 않았다'는 뜻일 때가 많다. 서운함이 올라올 때 이렇게 질문해보자.

"이 서운함은 상대가 지켜야 할 걸 어겨서일까, 아니면 내 안의 슈드가 작동한 걸까?"

사람 사이가 자유롭기만 하면 책임이 사라지고, 슈드에만 집착하면 숨이 막힌다. 슈드에 갇히는 순간 관계는 선의가 아닌 수행 과제로 변질되기 때문이다. 기꺼이 주고받던 마음이 당연히 해야 할 일로 규정되는 순간, 배려는 채무로 변질된다.

슈드가 많다는 것은 관계를 통제하고 싶은 욕구가 강하다는 뜻이다. 그러나 인간관계는 본질적으로 변화무쌍하다. 슈드들로 관계의 질서를 세우려 하면 할수록 오히려 불안만 커진다.

슈드가 적다는 것은 자율적으로 움직일 공간이 크다는 뜻이다. 그래야 상대방의 선택에 숨 쉴 자리를 내줄 수 있다. 내 안의 슈드를 줄이는 일은 타인을 위한 배려이자 나 자신에게도 덜 엄격해지는 일이다. 종종 우리는 '이 정도는 해야지'라는 말로 스스로를 옭아매며 지쳐간다. 기준이 많을수록 삶도 무거워진다. 이렇게 하면 어떨까. 꼭 지켜야 할 슈드는 최소한으로 두고 나머지는 서로를 알아가며 조정해가기로.

나의 존엄을 짓밟는 상사를 대하는 법

"쟤 빼고 유 대리 넣어."

프로젝트 기획 회의 중 김 부장은 이유 없이 서 대리를 배제했다. 서 대리는 경험과 열의에서 유 대리보다 훨씬 앞섰고 프로젝트 경험도 풍부했다. 당연히 팀원 모두 그가 참여할 것이라 믿고 있었다. 그러나 이미 판은 짜여 있었다.

회의를 마치고 고민 끝에 서 대리가 조심스레 물었다.

"제가 빠진 이유를 알 수 있을까요?"

김 부장은 특유의 너털웃음을 지으며 말했다.

"야, 넌 내 새끼잖아. 나 못 믿어? 다음 기회 기다려."

이유를 알 수 없는 배제와 모호한 답변 속에서 서 대리는 모욕감을 느꼈다. 서 대리에게 이건 단순히 업무 배제의 문제가 아니라 전문성과 자기 결정권, 열정에 대한 무시였다. 그 순간 그는 배제된 직원을 넘어 존엄을 침해당한 사람이 되었다.

존엄이란 내가 무엇을 할지 말지, 어디까지 받아들일지를 스스로 결정할 내적 권위다. 그것이 훼손되는 순간 당사자는 주체가 아니라 타인의 판단과 감정에 따라 취급받는 대상이 된다. 존엄성의 침해는 조용하지만 치명적이다. 의견을 낼 기회도, 항의할 여지도 사라진다. 무례함은 웃어넘길 수 있어도, 존엄이 짓밟히는 순간까지 침묵해서는 안 된다. 그 침묵은 상대의 침범을 용인하고, 스스로를 깎아내리는 행위이다.

며칠 뒤 서 대리는 조용히 김 부장을 찾아갔다.

"저는 이 프로젝트를 위해 꾸준히 준비해 왔습니다. 기여할 의지와 역량도 있습니다. 이번엔 부장님 결정을 따르겠지만 다음부터는 제 판단이 존중받기를 바랍니다."

김 부장은 멋쩍게 웃었다.

"그 정도로 마음이 있는 줄 몰랐네. 그럼 진작 얘기하지."

그날 서 대리는 자기 자신과 김 부장에게 마지막 기회를 주기로 했다. 그러나 유사한 상황이 반복됐다. 설명은 늘 사후였고 결정은 다른 곳에서 내려졌다. 결국 그는 대표에게 직접 보고하기 위해 대표실을 찾았다. 그러나 대표는 중재 대신 타협을 권했다.

"서 대리가 좀 참아. 김 부장 성격 알잖아."

그 한마디로 충분했다. 문제는 부장의 성격이 아니라 이 조직에서 자신의 존엄이 고려 대상조차 아니라는 사실이었다. 다음날 그는 준비해 둔 사표를 꺼냈다.

인격의 최후 보루인 존엄을 지키는 일은 필연적으로 불편함을 동반한다. 그런 이유로 관계를 위해 자신을 계속 뒤로 미루다 보면 선택의 기로에서 스스로를 배신하게 된다. 때로 그 단호함이 관계의 단절을 부르더라도 존엄을 삶의 앞자리에 두는 선택만이 시간이 지나도 후회로 남지 않는다. 존엄은 자신에게 지는 최소한의 책임이다.

폐 끼치며 다정하게

사
는
법

전후에 보낸 쇠고기 장볶이는 잘 받아서 조석간에 반찬으로 하니? 왜 한 번도 좋은지 어떤지 말이 없니? 무람없다, 무람없어. 난 그게 포첩(脯貼)이나 장조림 따위의 반찬보다 나은 것 같더라. 고추장은 내 손으로 담근 것이다. 맛이 좋은지 어떤지 자세히 말해 주면 앞으로도 계속 두 물건을 인편에 보낼지 말지 결정하겠다.[*]

* 박지원 저, 박희병 역, 《고추장 작은 단지를 보내니》, 돌베개, 2006년, 35쪽

조선 후기 실학자 박지원은 아들에게 손수 담근 고추장을 보내며 이렇게 적었다.

"맛이 어떤지 말해 주면 앞으로도 계속 보낼지 결정하겠다."

쉰을 훌쩍 넘긴 홀아비가 부엌을 오가며 장을 담그고, 아들의 반응이 없자 서운함을 토로한 것이다. 이처럼 연암은 감정을 숨기지 않았고, 스스럼없이 기댈 줄 아는 사람이었다. 그래서일까. 그의 곁에는 늘 사람이 모였고 생의 마지막 날에도 밥상 대신 술상을 들였다. 비록 부와 명예는 거두지 못했지만 고립되지 않았고 풍성한 관계 속에서 살다 눈을 감았다.

우리는 흔히 독립적인 삶을 이상으로 여긴다. 그래서 혼자 성과를 내고, 감정을 드러내지 않으며, 누구에게도 기대지 않는 사람을 동경한다. 능력주의 사회에서는 도움을 청하는 일이 무능의 징표로 여겨지기도 한다. 그러나 함께 산다는 것은 서로 주고받으며 부족함을 채운다는 뜻이다. 도움을 받는다고 해서 나약한 것이 아니고, 도움을 준다고 해서 우월한 것도 아니다. 의존은 인류가 더불어 살아가기 위해 사용해온 가장 오래된 방식이다. 그리고 주고받음은 단순한 거래가 아니라 서로의 존재를 확인하는 가장 따뜻한 방식이다. 그러나 자립이 미덕처럼 강조되는 사회에서 우리는 이렇게 말한다.

"폐 끼치고 싶지 않아."

마치 도움 받지 않고 사는 것이 삶의 목표가 아닌가 하는 생각마저 든다. 하지만 진짜 민폐는 관계에서 슬그머니 빠져나와 자기만의 동굴에서 버티는 태도다. 사소한 예로, 자식이 "뭐 드시고 싶으세요?"라고 물을 때 "아무것도 사오지 마라"라고 답하는 부모가 있다. 부모는 배려라고 생각할지 모르나 이 말은 자식들과 정을 나눌 기회를 차단한다. 차라리 이렇게 말하는 편이 낫다. "요즘 자두가 먹고 싶구나." 이 한마디가 자식을 훨씬 편하게 만든다.

관계의 핵심은 완벽한 독립이 아니다. 의존과 독립을 자연스럽게 오가는 감각이다. 줄 수 있는 것을 기꺼이 내어놓고, 필요할 땐 스스럼없이 요청할 줄 아는 것. 이는 나약함의 표현이 아니라, 서로의 결핍을 인정하며 연결되는 품격 있는 의존이자 인간다운 온기다. 너무 오래 독립의 자리에서 버티지 말자. 지금 지쳐 있다면 잠시 독립의 역에서 내려 의존으로 가는 환승역에 서보자. 그 시작은 사소한 한마디일 수 있다.

"요즘 좀 힘드네. 나랑 차 한잔 할 수 있어?"

지나친 배려가

상
처
가

될
때

살다 보면 기쁨을 마음껏 표현 못할 때가 있다. 내 행복이 누군가에게 상처가 될까 봐 조심스러워질 때가 그렇다. 기쁜 소식을 비밀로 하고, 들뜬 감정조차 눌러 담는다. 하지만 그 배려가 때로는 관계의 길목을 차단하는 아이러니로 이어지기도 한다.

결혼을 앞둔 예슬은 그런 딜레마에 빠졌다. 이별의 여파로 힘들어하는 친구 수진 앞에서 들뜬 기분을 드러내기가 미안했던 것이다. 결국 웨딩드레스를 보러 갈 때도 수진 대신 다른 친구 단비를 불렀다. 예슬은 수진을 배려한다고 한 선택이었다. 그러나 결과는 달랐다.

예슬의 배려는 오히려 수진에게 상처가 되었다.

"우리 관계가 그 정도였어? 단비가 나보다 더 친했구나?"

수진은 자신이 밀려났다고 느꼈고, 두 사람 사이에는 어색한 거리감이 생겼다. 심지어 단비와의 관계마저 묘하게 틀어졌다. 상대가 힘들 것이라 짐작해 한 배려가 오히려 여러 사람을 힘들게 만든 것이다. 이를 과잉 배려의 역설이라 부른다. 이러한 과잉 배려는 상대를 위한 것처럼 보이지만 실은 불편한 감정을 피하려는 자기방어일 때가 많다. 상대의 편의를 생각했다고 하지만 내가 불편해질까 봐 피하는 것이다.

"그 애, 지금 힘들잖아. 굳이 말 안 하는 게 낫지."

이 말에는 상대를 존중하는 마음보다 감정적 부담을 모면하려는 욕구가 숨어 있다. 심지어 사려 깊은 내가 상대를 돌봐야 한다는 은밀한 우월감일 수도 있다. 그러다가 배려라는 이름으로 하지 않아도 될 거짓말을 하기도 한다.

"어? 수진이와도 통화하고 싶다고? 수진아 전화 받아."

이런 무리한 배려는 오히려 오해와 거리감을 키운다. 상대 마음을 지나치게 배려하다 보면 나도 모르게 그를 '감정조차 다스리지 못하는 사람'으로 취급하기도 한다.

때로는 감정을 솔직히 드러내는 것이, 숨기는 것보다 훨씬 건강한 배려가 된다. 만약 예슬이 수진에게 이렇게 말했다면 어땠을까.

"너에게 이런 얘기를 하는 게 조심스러워. 하지만 내 결혼을 네가 축복해준다면 정말 기쁠 것 같아. 웨딩드레스를 보러 가는데, 같이 가줄 수 있어? 만약 네 마음이 힘들다면 거절해도 좋아."

수진은 자신이 힘든 것과는 별도로 친구의 진심을 느끼며 존중받았다고 생각했을 것이다. 말하는 쪽이 진심이라면 듣는 사람 역시 자신의 아픔과 친구의 기쁨을 분리해 받아들이게 된다. 진정한 사려 깊음은 불편함을 요령 있게 피하는 데 있지 않고, 불편함을 감수하더라도 서로의 마음을 있는 그대로 마주하려는 용기에서 나온다.

허삼관·허옥란 부부가

법 없이 사는 법

법은 엄정하고 논리적이다. 그래서 우리는 억울함을 풀고 정의를 확인하고자 법원 문을 두드린다. 그러나 치열한 싸움 끝에 받아 든 결과가 기대를 밑도는 경우도 많다. 인간사 모든 사정을 법전이 다 담아내지 못하기 때문이다. 특히 감정 앞에서 법은 침묵한다. 그래서 생겨난 것이 조정제도다. 누가 더 잘못했는지를 끝까지 따지기보다는 당장의 문제를 수습하고, 관계를 어떻게 이어갈지를 모색하는 방식이다. 이 조정의 본질을 문학적으로 잘 보여주는 예가 있다. 위화의 장편소설 《허삼관 매혈기》에 등장하는 허삼관·허옥란 부부다.

허삼관은 장남 일락이가 옛 연적의 아들이라는 사실에 분노한다. 그러다 그 역시 옛 연인을 문병하러 갔다가 엉겁결에 부정을 저지르고 만다. 아내의 격렬한 항의에 그는 말도 안 되는 억지를 부린다.

"나는 그래도 사락이는 안 만들었잖아. 그러니 내가 손해지."

결과의 공정성을 따지고 든 것이다. 하지만 절차나 의도의 공정성 면에서 그는 입이 두 개라도 할 말이 없다. 결혼 전 실수와 가정을 이룬 뒤 저지른 부정은 결코 같을 수가 없다. 부부는 이 일을 두고 한바탕 다툰다. 만약 오늘날처럼 증거부터 모으고 법률 전문가를 대동해 소송전을 벌였다면 어떻게 됐을까. 가정은 파탄나고 아이들은 뿔뿔이 흩어지지 않았을까.

이 부부는 상대의 치부를 들추거나 법이라는 잣대를 들이대는 대신, 인연에서 비롯된 가족을 책임지는 방식으로 갈등을 봉합한다. 아내는 남편이 피를 팔아 옛 연인에게 선물을 사주고 남은 돈을 압수해 아이들과 자신의 겨울옷을 장만하면서 문제를 매듭짓는다. 허삼관이 "피는 내가 팔았는데 내 옷은 어디 있냐"며 투덜대자, 아내는 쌈짓돈을 보태 남편 옷까지 마련하며 깔끔하게 마침표를 찍는다.

그들의 해결 방식에는 치밀한 논리도, 완벽한 절차도 없다. 억울함을 한 번씩 주고받은 뒤 다시 가족이라는 울타리로 돌아갔을 뿐이다. 그들은 옳고 그름을 끝까지 따지기보다 억울함을 조금씩 감내하는 쪽을 택했다. 그렇게 그들은 가장 중요한 것 곧, 관계를 지켰다.

우리는 옳고 그름을 끝까지 가리는 것이 공정이라고 믿는다. 그러나 복잡한 인간사 해법은 그 반대편에 있을 때가 많다. 완벽한 정의보다 불완전한 포용을 택하고, 각자가 덜 가지더라도 함께 갈 수 있는 길을 찾는다. 부당함을 없애려 하기보다 일부를 감내하며, 터럭만 한 잘못을 따지기 전에 얽힌 실타래부터 푸는 것이다.

공정성의 촉수는 갈수록 예민해지지만, 억울함을 담아두는 그릇은 점점 작아진다. 그 결과 세상은 다툼으로 가득 차고 법률 시장은 하루가 다르게 부풀어 오른다. 허삼관 내외 이야기를 밥 굶던 시절, 세상 물정 모르는 사람들의 순박한

미담으로 치부할 수도 있다. 그러나 내 삶과 무관한 누군가에게 인생의 중대사를 맡기고 답만 기다리는 우리보다, 삶이라는 큰 무대 위에서 스스로 문제를 풀어낸 어느 부부 이야기는 여전히 귀담아 둘 만하다.

도덕 얘기는

도덕 시간에 해

화장실에서 나올 때마다 꼭 한마디를 하는 사람이 있었다.

"아이고 참말로, 이런 날씨에 누가 따뜻한 물을 쓰노? 절약들 좀 해야지."

"허참, 종이 타월 반 장이면 충분하더구만, 두 장씩 쓰는 사람도 다 있네."

근검절약하라는 맞는 말인데 거부감이 인다. 왜일까? 은근히 도덕적 우월감을 과시하고 있기 때문이다. 그는 온수를 쓴 누군가의 행위를 지적하는 듯 하지만 실은 자신의 옳음을 은연중에 내세우고 있다.

자기 기준을 앞세우다 보면 그 틀에서 벗어나는 사람이 유난히 눈에 들어온다. 그리고 그 순간부터 세상은 관리해야 할 대상이 되고 타인은 교정해야 할 존재가 된다. 도덕적 우월감은 그렇게 조용히 자라난다. 처음엔 훈계나 지적으로, 마침내는 직접 교정하거나 응징하고 싶은 충동으로.

"도서관에서 책장 넘기는 소리가 왜 이렇게 커?"

"왜 이렇게 공공장소에서 떠들지? 소음 피해인 줄도 모르나, 내가 가서 알려줘야 해?"

지구가 우주의 중심이라 믿었던 천동설 신봉자처럼 자신의 신념이 모든 것의 잣대라고 착각하는 것이다. 그러다 급기야 도덕이라는 이름 아래 자신의 주장과 행동은 언제나 정당하다고 확신하기에 이른다.

내가 옳다는 확신 뒤에는 타인을 내려다보는 시선이 숨어 있다. 내세울 것이 없을수록 도덕적 우월감은 마지막 자존심이 되기도 한다. 흔히 말하는 '꼰대'라는 말도 나이나 성향의 문제가 아니라 맥락과 사정은 외면한 채 자기만의 잣대를 일방적으로 들이대는 태도를 가리킨다.

진짜 도덕군자는 남의 잘못을 들춰내서 정죄하는 사람이 아니다. 타인보다 자신을 몇 배는 더 돌아보는 사람, 남의 허물보다 자신의 부족함을 직시하고 판단에 앞서 사정을 헤아릴 줄 아는 사람이다.

도덕은 칼이 아니라 거울이어야 한다. 남을 베는 데 쓰기보다 나 자신을 비춰보는 데 쓰일 때 비로소 빛을 발한다. 도덕을 품고도 따뜻한 사람, 우리가 지향해야 할 상은 바로 그런 사람일 것이다.

끌려다니지 않는

힘
기
르
기

퇴근하려는데 김 대리가 붙든다.

"주말인데 그냥 갈 거야? 간만에 한번 뭉쳐야지."

종일 브로슈어 작업에 시달린 탓에 일찍 들어가 쉬고 싶었다. 그러나 어정쩡하게 굴다가 술자리에 앉게 되었다. 억지로 웃고 맞장구를 치다 보니 밤 11시. 집에 도착하니 새벽 1시가 넘었다.

'왜 거절하지 못했을까.' 돌아보니 김 대리가 맡은 프로젝트가 끝난 날이었다. 어쩐지 종일 남 일에 끌려다닌 느낌이 들어 기분이 가라앉는다.

침대에 누워 스마트폰을 켜자 직장 그만두고 여행 중인 유튜버가 케냐의 농장에서 갓 볶은 커피를 마시고 있다. 자유 그 자체다. 그의 자유로운 삶과 대비되듯 싱크대에 가득 쌓인 설거지 거리가 눈에 들어온다.

다음날 아침. 늦잠을 기대했지만, 하필 동호회 정기모임 날이다. 1년 안에 철인삼종 경기 출전을 목표로 가입했지만 의무가 된 지 오래다. 한 주 건너뛸까 하다 괜히 눈치가 보여 나갈 채비를 한다. 거울 속 퉁퉁 부은 얼굴이 묻는다.

너 지금 어디로 가고 있니?

삶의 주도권이 내게 없다고 느낄 때 우리는 주로 바깥에서 답을 찾는다. 직장 동료의 그럴듯한 권유를 따르거나 동호회 회원들의 인정에 안도한다. 소셜미디어 속 화려한 삶을 들여다보는가 하면, 요즘 뜨는 취미와 핫플레이스를 검색한다. 동기부여 강사가 제시하는 장밋빛 비전에 잠시 마음이 들뜨기도 한다. 그러다 보면 삶의 동력을 얻은 것 같이 느껴지지만 잠깐의 위안일 뿐이다. 오히려 그 과정에서 내 고유한 의지와 욕구는 작아지고 희미해져 간다. 어떻게 하면 내 삶의 주인은 나라는 느낌을 다시 찾을 수 있을까.

필요한 것은, 외부가 아닌 내부로 시선을 돌리는 일이다. 나 자신과의 관계를 회복하는 것, 이것이 진정한 자유의 출발점이다. 우리는 내 삶에 의미를 더해주는 것을 찾아야 한다. 삶이라는 여정 가운데 끝까지 붙잡고 가야 할 나만의 핵심가치를 스스로 세워야 한다. 타인의 기대가 만든 지도가 아닌, 오롯이 내 손으로 그려낸 항로 말이다.

우리는 친구, 가족, 일, 건강, 취미, 여행, 창작, 마음의 평온 같은 가치들을 곁에 두고 살아간다. 그러나 정작 이 모든 것을 한 번에 붙잡으려다 에너지만 소진하곤 한다. 앞의 누군가처럼 말이다. 이는 수천 권 책 중에서 단 한 권도 제대로 펼쳐보지 못하는 독자와 같다. 시간과 에너지는 한정되어 있다. '나의 서가'에 꽂을 단 세 권의 책을 고르는 결단이 필요하다.

삶을 의미 있게 채워주는 세 가지를 골라내는 일은 단순히 목록을 줄이는 일이 아니다. 그것은 내 시간과 에너지라는 유한한 자원을 외부의 요구가 아닌, 나의 가장 소중한 영역에 쓰겠다는 자신과의 단호한 약속이다.

선택이 끝났다면 남은 건 단 하나, 행동이다. 그림 그리기를 선택했는가? 침대에 누워 동경만 하지 말고 당장 드로잉 도구부터 사자. 우정을 선택했는가? 만나고 싶은 친구에게 지금 연락하자. 마음의 평온이 무엇보다 중요한가? SNS를 끄고 하루 10분이라도 명상 시간을 갖자. 막연한 동경이나 계획을 현재의 행동으로 끌어올 때 삶은 비로소 의미 있는 것들을 중심으로 돌아가기 시작한다. 우선순위가 바로 서면, 그동안 우리를 지치게 했던 외부의 시선과 불필요한 집착들이 얼마나 덧없는 것이었는지 드러난다. 내 의지로 선택한 것들이 일상이 되고 그 순환이 꾸준히 이어질 때 어떤 파도에도 흔들리지 않는 저력이 자라난다.

타인의 기대에 맞춰 살기에는 우리 삶이 너무 짧고 귀하다. 삶의 무게 중심을 밖에서 찾으려 애쓰지 마라. 내가 선택한 가치에 즉각 반응하고 행동할 때 내 삶은 비로소 내 것이 된다.

ⓒ 장동혁

5장

감정소모 없이
원하는 바를 말하는 기술

단어 하나

바꿨을 뿐인데

신입사원을 교육하며 '내 삶에 의미를 더해주는 것'을 고르는 활동을 진행한 적이 있다. 16개의 항목 중 '돈'과 '건강'이 압도적으로 많았다. 사회에 첫발을 내딛은 청년들의 선택치고는 다소 싱겁고 아쉬웠다. 선택한 이유를 설명할 때도 다들 고개만 끄덕였다. '당연한 거 아냐?'는 식이었다.

그래서 다음 기수에서는 단어를 조금 바꿔보았다. 돈 대신 '재테크', 건강 대신 '운동'으로. 그러자 반응이 확연히 달라졌다.

"소설 속 스페인 요리를 만들어봤는데, 가족들이 즐거워하더라고요."

"우리 반려견은 산책 때마다 집에 안 들어가려고 버텨요. 어떻게 해야 할까요?"

단어 두 개가 달라졌을 뿐인데 사고는 유연해지고 표현은 풍부해졌다. 추상적인 가치가 일상의 장면으로 내려온 것이다. 말을 바꾸자 태도도 함께 움직였다.

언어가 생각과 태도를 바꾸는 현상은 관계에서도 일어난다. 당위적으로 굳어진 말은 사고를 굳게 하고, 고착된 사고는 관계의 패턴을 획일화시킨다. '늘 조용한 사람', '헌신적인 직원', '점잖은 친구' 같은 표현이 그렇다. 이런 말이 우리 행동을 예측 가능한 틀 안에 가둔다. 조금만 다른 모습을 보여도 "너답지 않게 왜 그래"라는 말이 따라붙는다. 칭찬도 예외가 아니다. '헌신적'이라는 평가는 "이번에도 네가 나서야지"라는 압박이 되고, '점잖다'는 평은 큰 소리로 웃고 수다 떨고 싶은 자유를 앗아간다. 일상적으로 하는 말 한마디가 우리의 생각과 행동 반경을 규정해버리는 것이다.

반대로, 새로운 언어는 관계의 장을 넓히고 선택의 가능성을 넓힌다. "그럼 밥하고 빨래는 누가 해?"라는 질문은 해외 한 달 살기에 대한 로망을 단번에 꺾어버린다. 대신 이렇게 말하면 어떨까.

"밥을 꼭 해서 먹어야 해? 요즘 밀키트도 잘 나와. 빨래도 코인 빨래방 가면 금방이야." 여행을 감당해야 할 부담이 아니라 얼마든지 즐길 수 있는 장면으로 그려낸다.

언어는 생각의 범위를 넓힐 수도 좁힐 수도 있다. 단지 돈을 재테크로, 건강을 운동으로 바꿨을 뿐인데 대화의 장이 달라진 것처럼.

하는 말마다 오해를 받는다면

오래전 교회 선생님들과 친목 모임을 가진 적이 있다. 나는 자연스레 리더가 되었고, 모일 때마다 웃음과 대화가 끊이질 않았다. 그러나 시간이 흐르며 모임은 시들해지기 시작했다.

어렵게 일정을 맞추고 장소까지 예약해 둔 어느 날, 두 사람이 불참을 알렸다. 결국 남은 둘이서 모임을 가져야 했다.

그날 밤 나는 모임의 의미를 돌아보자는 내용의 메일을 보냈다. 그러나 내가 의도한 반응과 달리, 웃고 떠들던 자리가 책임과 역할을 살피는 공간이 되어버렸다. 공기는 어색해졌고 모임은 조용히 막을 내렸다.

돌아보면, 나는 친목을 바라면서도 한편으로는 책임감을 기대했다. 구성원들의 태도가 기대에 어긋나자 서운함이 올라왔고, 그 감정은 정중한 문장 속에 스며들었다.

심리학자 마거릿 클라크(Margaret Clark)는 인간관계를 두 가지 모델로 나눈다. 공유적 관계과 교환적 관계. 공유적 관계(Communal Relationship)는 함께하고 있다는 느낌이 중심이다. 주고받음의 계산보다 관계 자체가 목적이다. 가족이나 친구처럼 배려와 무조건적 수용이 기반이다. 교환적 관계(Exchange Relationship)는 책임과 균형이 핵심이다. 직장처럼 역할과 성과가 강조되는 장에서 주로 나타난다. 문제는 이 둘의 중간 지대다. 당시 우리는 친목을 위해 모였지만(공유적 관계), 참여율이 떨어지자 내 시선은 운영자의 관점으로 바뀌었다. 불참은 책임감 부족으로 느껴졌고, '이 정도는 해줘야지'라는 바람이 자라났다(교환적 관계). 그렇게 해서 쌓인 마음은 결국 메일이라는 형식적인 양식으로 전해졌다. 두 언어가 충돌한 순간이었다.

공유적 관계에서는 논리보다 이해와 공감이 먼저다. 논리 정연한 메시지는 부담이 되고, 틀을 싫어하는 사람이라면 통제로 느낄 수 있다. 물론 모임을 유지하기 위해서는 책임과 질서는 필요하다. 다만 그 질서를 어떻게 만들어가냐가 문제다. 혼자 사명감에 불타 기준을 정하고 지켜지길 기대해서는 안 된다. 의견을 충분히 나누고 생각을 모으고 조율해가는 과정이 꼭 필요하다. '지난주 왜 안 나왔죠?' 대신 '함께하지 못할 땐 어떻게 연결될 수 있을까요?'라고 묻는 대화법이 적절하다.

함께하고픈 마음은 같았지만 마음을 표현하는 방식이 달랐다. 그때 내가 더 섬세했더라면 우리는 오래, 느슨하게 그 자리에 머물렀을 것이다. 모임은 끝났지만 나는 하나를 배웠다. 관계를 지속하게 하는 건 혼자 도출한 정답이 아니라 함께 호흡하며 만든 리듬이라는 것을.

슬픈 예감을 틀리게 하는 법

혹시 일어나지도 않은 일로 누군가를 미워하거나 피한 적이 있는가? 현실과 아무 상관없이 머릿속에서 쓴 드라마가 관계를 뒤흔든 적은? 심리학에서는 이를 자기 충족적 예언(Self-Fulfilling Prophecy)이라 부른다. 어떤 결과를 예측하고, 이 예측이 실제라 믿으며, 믿음대로 행동한 끝에 결국 예언이 현실이 되어버리는 현상을 뜻한다.

어느 마을에 사는 나무꾼이 이웃에게 도끼를 빌리러 가는 길, 문득 이런 생각이 스쳤다.

'그 사람, 묵뚝뚝하지 않나? 안 빌려주면 어쩌지?'

불안은 점점 부풀어 올랐고, 마침내 문 앞에서 이렇게 외치고 말았다.

"그까짓 도끼, 치사해서 안 빌려!"

갈등은 이렇게 머릿속 예언이 작동하면서 시작되기도 한다. 실제로 상대를 만나지도 않았고 부탁한 적도 없는데, 결과를 지레짐작하고 마음을 닫는 것이다. 어처구니없어 보이지만 일상에서 흔한 일이다. 친구에게 문자를 보냈는데 답이 없다. 10분, 20분, 한 시간… '이런 적 없었는데, 혹시 지난주 뮤지컬 보러 같이 안 가서 삐졌나?' 실은 바빠서 확인 못했을 뿐인데, 머릿속은 이미 거절의 시나리오를 완성한다. 그리고 그 시나리오대로 행동한다. '흥, 나도 바로 연락 안 받을 거야! 누가 손해인지 보자고.' 다음날 친구와 눈 마주치기가 껄끄럽다. 그렇게 부정적 예언은 아무 일도 없던 관계 위에 스스로 균열을 만들고, 끝내 현실이 된다.

더 큰 문제는 이런 예언이 반복되며 사고가 굳어진다는 사실이다. 유사한 상황을 만나면 비슷한 감정을 느끼고 비슷한 판단, 비슷한 행동을 한다. 굳어진 사고가 행동을 이끌고, 결국 현실을 만들어내는 현상을 인지 안내자(Cognitive Guide)라 부른다. 인지 안내자는 우리를 틀에 박힌 말과 관계 패턴으로 이끈다. 개가 무섭다는 이야기를 들은 사람이 개 근처에도 가지 못하고, 개라는 말만 나와도 '개는 위험해'라며 움츠러드는 것처럼 말이다. 판에 박힌 사고가 우리를 그 틀에 가두는 것이다.

예상대로 일이 흘러가는 모습을 보며 우리는 말한다. "그럴 줄 알았어." 하지만 정말 그럴 수밖에 없었을까? 예언의 방향을 바꾸면 얘기가 달라진다. 자기 충족적 예언은 대개 부정적으로 작동하지만 긍정의 힘으로도 바꿀 수도 있다.

오랜만에 친구에게서 전화가 온다. '또 뭐 부탁하려고 하나?' 대신 '무슨 소식일까?'라고 생각해보자. 경계심 대신 반가움이 일고, '내가 무심했구나'하는 깨달음이 들지도 모른다. 비즈니스 미팅 장소에서 '우리 사업이 매력적으로 보일 리 없어'라고 생각한다면 말과 표정은 자연스럽게 위축된다. 의기소침한 상대에게 투자할 사람은 없다. 반대로 '우리 장점을 잘 전달하면 투자 유치도 성공할 거야'라고 긍정하면 언행도 달라질 것이다.

　좋은 예상은 긍정적 말과 행동에 담겨 전달되고, 이러한 밝은 기운은 관계에 스며든다. 그리고 놀랍게도, 일은 생각한 방향대로 흘러간다. 보지도 못한 도끼 한 자루가 우리 마음속에서 얼마나 많은 불필요한 감정과 갈등을 만들어내는지 한 번쯤 돌아볼 일이다.

맨입으로 되는 건

세상에 없어

수도권의 한 아파트 단지, 택배 기사와 주민들이 충돌했다. 지하 주차장 높이가 낮아 택배 차량이 진입할 수 없다는 것이 발단이었다. 새로 배정된 기사가 지상 출입을 요구했고, 주민들은 안전 문제를 이유로 이를 거부했다.

갈등은 빠르게 격화되었다. 결국 주민들은 해당 택배사 이용 거부를 선언했고 노조는 촛불 시위와 문 앞 배송 중단으로 맞섰다. 로비에는 택배상자가 산더미처럼 쌓였고, 단지 내에는 플래카드와 호소문이 뒤엉켰다. 서로 자기 논리만 붙잡은 채 힘겨루기로 일관한 결과였다.

이런 상황에서 오가는 말들은 문제해결과는 거리가 멀었다.

"기사가 힘들다잖아요. 왜 안 열어줘요?"

"회사가 해결할 문제를 왜 주민에게 떠넘기죠?"

"물량이 많으면 알바를 쓰면 되잖아요."

이 갈등은 아파트 주민과 택배 기사 사이의 단순한 불통 문제를 넘어선다. 아파트라는 공간에 대한 인식 차이, 택배 산업 구조의 부조리, 그리고 협상력의 부재가 복합적으로 얽혀 있다. 그렇다고 근본적인 해결책 찾기에만 매달린다면 오늘의 택배는 계속 쌓여갈 뿐이다. 장기적인 해법을 모색함과 동시에 당면한 문제를 해결할 현실적인 조정 방식 역시 함께 고민해야 한다.

두 입장을 정리해보자. 택배 기사는 '노동 강도의 완화'가, 주민은 '안전한 주거 공간 사수'가 주요 목표였다. 이 두 목표가 충돌하는 지점에서 서로가 받아들일 만한 합의점을 찾아야 한다. 그러나 양측은 자기 논리와 목표라는 울타리 밖으로 한 걸음도 나서지 못했다. 설득 대신 압박, 대화 대신 단정, 서로를 적으로 만들며 싸움은 깊어져 갔다.

　갈등 해결을 가로막는 결정적 요인 하나가 있었다. '반대급부의 부재'였다. 택배 기사는 지상 출입 허용을 요구하면서도 그 대가로 주민들이 체감할 만한 이득은 제시하지 않았다. 단순히 "힘드니 열어 달라"고 반복하는 것은 협상이 아니라 하소연에 불과하다. 주민들에게는 자신의 가치를 희생해서라도 들어줄 만한 명분이나 보상이 필요했다. 예를 들어, "지상 출입을 허용해 준다면, 새벽 배송 시 소음을 최소화하고 파손 시 더 빠른 보상을 약속하겠다" 혹은 "지상 출입에 따른 소정의 비용을 부담하겠다"라는 제안이 뒤따랐다면 어땠을까. 상대가 잃는 것을 상쇄할 만한 구체적인 교환조건이 있었다면 대화의 문은 조금이라도 열렸을 것이다. 그러나 안타깝게도 현실에서는 '인정에 호소하다 안 되면 강압' 외에는 어떤 전략도 존재하지 않았다. 상대에게 양보를 받아내려면 그만큼의 이득이나 배려를 함께 제시해야 한다.

　이 사건을 조정하며 떠오른 우화가 있다. 눈앞의 먹이를 향해 달리면 달릴수록 서로의 목을 조이는 상황을 그린 '두 마리 말' 우화다. 서로를 보지 못하는 말이 어리석어 보일지 몰

라도 갈등의 한복판에서 우리의 모습도 그리 다르지 않다. 갈
등 해결의 본질은 의외로 단순하다. 내가 편해지는 길이 누군
가에게는 애써 쌓아 올린 노력과 질서를 무너뜨리는 일이 될
수 있음을 기억하는 것이다.

말귀를 못 알아듣는

이유

엘리베이터 문에 아이가 끼이는 사건을 조정한 적이 있다. 결국 닫힘 버튼을 성급히 누른 사람이 '일상주의의무' 위반으로 치료비를 보상해야 했다. 그로부터 얼마 후 엘리베이터 앞에서 관리소장과 마주쳤다. 안부도 묻고 경험도 나눌 겸 말을 건넸다.

"요즘 엘리베이터 문 사고가 잦더라고요."

기대와 달리 소장은 단호하게 말했다.

“우리 엘리베이터는 센서가 달려 있어서 그럴 일 없어요.”

방어적으로 나온 답변에 당황했지만 나는 대화를 이어가려 다시 말을 보탰다.

“우리 주변에도 버튼을 성급하게 누르는 분이 많더라고요.”

하지만 그의 대답은 한결같았다.

“센서가 있어서 문제 없어요.”

고구마를 삼킨 듯 답답했고, 서로 같은 이야기를 하고 있는지 의문이 들 정도였다. 사고 난 엘리베이터에도 센서가 있었다고 말하려다 그만두었다. 그의 귀는 닫혀 있었고 내 말은 나오는 족족 튕겨져 나왔다.

독일 심리학자 프리드만 슐츠 폰 툰(Friedemann Schulz von Thun)에 따르면, 우리가 하는 말에는 네 가지 측면 곧, ‘네 개의 입’이 있다.

① 사실(Information): 무엇이 일어났는가

② 자기개시(Self-Revelation): 나는 어떤 상태인가

③ 관계(Relationship): 우리는 어떤 관계인가

④ 요청(Appeal): 상대가 어떻게 해주길 바라는가

화자에게 네 개의 입이 있다면, 청자에게는 그 의미를 해석하는 네 개의 귀가 있다. 문제는, 우리가 늘 모든 귀를 열어

두지 않는다는 점이다. 대개 가장 민감한 귀 하나만 열어두고 나머지는 닫아버린다. 소통의 불일치는 여기서 생긴다. 화자가 연 입과 청자가 연 귀가 어긋날 때 대화는 엉뚱한 방향으로 흘러간다.

그날 나는 소장에게 단순히 엘리베이터 사고 소식을 전하려던 것은 아니었다. 그보다는 안부를 나누고 사고 예방을 함께 고민하자는 뜻이 있었다. 즉, 관계 맥락이 더 컸다. 그러나 그는 그것을 책임 추궁의 신호로 받아들였는지 방어적으로 대응했고 대화는 더 이상 나아가지 못했다.

이런 어긋남은 생각보다 흔하다. 학원가기 싫어하는 아이에게 "그럼 가지 마! 뭐 하러 가!"라는 부모의 말은 진짜로 학원에 다니지 말라는 뜻이 아니다. 답답한 마음을 표현한 것이거나 책임감을 가져 달라는 요청이다. "회의를 돌아가며 진행하면 어때요?"라는 팀원의 제안에 "지금도 잘 돌아가고 있잖아"라고 답하는 팀장은 아이디어 제안을 권위에 대한 도전으로 본 것이다. 남자 친구가 "미안해"라고 했을 때, "뭘 잘못했는데?"라고 되묻는 것 역시 단순한 사실 확인이 아니다. 상대가 내 감정과 관계를 제대로 이해하고 있는지를 확인하고 싶은 마음에서 비롯된 것이다.

　의미가 애매할 때는 직접 확인하는 것이 안전하다. 가령 "회의를 돌아가며 진행하면 어때요?"라는 말이 모호하게 들렸다면, "그 말은 다른 분들도 회의 진행에 참여해보면 좋겠다는 뜻인가요?"라고 되묻는 것이다. 나아가 그 말이 어디서, 누구 앞에서, 어떤 분위기에서 나왔는지도 함께 살펴야 한다. 같은 말이라도 공식적인 자리에서는 도전처럼 들리는 말이 일대일 대화에서는 조심스러운 제안으로 받아들여질 수도 있다. 그날 나 역시 엘리베이터 앞이 아니라 커피 한 잔 들고 소장실을 찾았더라면 어땠을까. 여유 있게 안부를 물으며 이야기를 꺼냈더라면 하고 싶은 얘기를 훨씬 잘 풀 수 있었을지 모른다. 말의 내용만큼이나, 어떤 귀가 열려 있는지를 살피는 일도 대화에서는 중요하다.

곧이곧대로 듣지 말아야 하는 이유

우리는 '말'이 진심을 담고 있다고 믿는다. 하지만 진심은 종종 말의 표면이 아니라 그 바깥에 있다. 심지어 말이 진심을 뒤바꿔 놓기도 한다. 영화 〈레슬러〉 속 한 장면이 이를 잘 보여준다.

부엌에서 콩나물을 다듬던 아들이 깊은 한숨을 내쉰다.

"휴… 자식 키우기 쉽지가 않네."

말을 들은 엄마는 곧바로 감정적으로 반응한다.

"너는 힘든 지 20년 됐지? 나는 40년 됐어!"

'힘들다'는 단어 하나가 서로 다른 기억과 감정을 건드린 것이다. 아들은 위로를 원했지만 엄마는 오래 눌러온 서운함을 꺼냈다. 결국 모자 간 대화는 감정 싸움으로 번진다.

만약 엄마가 아들의 말을 직접 듣는 대신 CCTV 화면으로 그의 모습을 보았다면 어땠을까. 한숨, 처진 어깨, 흐릿한 눈빛, 느린 말투⋯ 40대 홀아비의 초라한 행색이 눈에 들어온 순간 말보다 눈물이 먼저 터져 나왔을지도 모른다. 하지만 아들의 말을 문자 그대로 받아들인 엄마는 아들의 진심은 듣지 못했다. 때로는 귀를 막고 들을 때 진심이 더 잘 전달된다. 그제야 몸이 보내는 감정의 언어가 눈에 들어오기 때문이다. 말의 이면을 바라보았다면 "자식 키우기 힘들다"라는 말은 이렇게 들렸을 것이다.

'지쳤어.' '내 말 좀 들어줘.'

그렇다면 상대의 감정 언어를 어떻게 읽을 수 있을까? 무엇보다 상대를 분석 대상이 아니라 하나의 존재로 바라보는 마음이 필요하다. 표정을 보고 감정을 추측할 수는 있지만 그 표정이 왜 나왔는지까지 헤아리려면 상대에 대한 관심과 애정이 필요하다. 눈빛을 읽는 기술보다 눈빛에 담긴 사연을 궁금해하는 마음이 먼저다. 상대를 하나의 정보 덩어리나 행동 패턴으로 보지 않고 복잡하고 유일한 존재로 받아들이는 따뜻한 시선이 필요하다.

친구가 욱한 반응을 보일 때 우리는 서운해하기 쉽다. 하지만 그가 처한 상황을 헤아린다면 다른 해석이 열린다. 최근 고민이 많아서일 수도 있고 과도한 업무 압박 때문일지도 모른다. 상대를 나와 마찬가지로 상처받기 쉬운 한 사람으로 바라볼 때 우리는 비로소 말 뒤에 숨은 진짜 마음을 듣게 된다.

원망을 남기지

않는 이별법

"난봉꾼 지나간다. 부인을 숨겨라!"

카이사르가 로마 거리를 지날 때 시민들은 농담 반 진담 반으로 이렇게 외쳤다. 그는 타고난 바람둥이로, 수많은 여성과 염문을 뿌렸다. 클레오파트라를 포함해 원로원 의원 3분의 1이 그에게 부인을 뺏겼다는 말이 돌 정도였다.

흥미로운 사실은, 그럼에도 불구하고 그는 단 한 번의 봉변도 당하지 않았다는 점이다. 대부분의 남자들이 연애가 끝나

자마자 전 연인을 모른척하거나 피하기 바빴지만 카이사르는 달랐다. 그는 언제 어디서 전 연인을 만나든 환하게 웃으며 다가갔다.

그의 태도를 단순히 '스윗'하거나 '나이스'한 매너로 봐서는 안 된다. 그는 인간은 부정당할 때 가장 분노한다는 사실을 누구보다 잘 알고 있었다. 그의 반응은 이렇게 말하고 있었다.

"당신은 내 삶에 의미 있는 사람이었소."

관계가 끝난 뒤에도 상대를 부정하지 않는 태도는 강력한 힘을 발휘했다. 여인들은 자신이 지워지지 않았다는 안도감 속에서 원망이나 후회, 원한을 키우지 않았다. 심지어 카이사르가 위기에 처했을 때 주저 없이 도와주기까지 했다. 물론 유창한 언변이나 깔끔한 매너와 같은 그의 매력적인 요소도 한몫했을 것이다. 그러나 결정적인 이유는 따로 있다. 그는 존재를 인정받고 싶어 하는 인간의 욕망을 꿰뚫고 있었다는 점이다. 관계를 망치는 주범은 이별 자체가 아니라 헤어지고 난 뒤 상대를 세탁하듯 지워버리는 태도다.

우리는 너무 쉽게 누군가를 부정한다. 연락처를 삭제하고,

채팅방을 지우며, 마주칠 가능성조차 차단한다. '깔끔한 정리'라는 미명 아래 상대를 없는 사람처럼 다루는 것이다. 직장에서도 마찬가지다. 프로젝트가 끝나거나 부서가 바뀌면, 필요 없어졌다는 이유로 인사조차 건네지 않는 경우도 허다하다. 이렇듯 일방적이고 급작스러운 단절은 상대에게 자신의 시간과 존재가 통째로 부정당했다는 상처를 남긴다. 그리고 이 상처는 미련이나 원망이라는 부메랑이 되어 돌아온다.

관계를 끊는 건 종종 필요하고 불가피한 일이다. 나를 아프게 하거나 지속할 이유가 없어진 관계를 그대로 붙들고 있는 것이 더 상처가 되기도 한다. 그렇다고 해서 사람을 문자 삭제하듯 지워버리는 방식이 가장 현명하다고는 말할 수 없다. 짧게라도 단절의 이유를 전해 납득할 기회를 주고, 함께했던 시간의 가치를 인정하며, 고마움을 표현하는 것, 무엇보다 상대를 지워야 할 대상이 아니라 한때 소중했던 사람으로 대우하는 태도가 필요하다.

영영 안 볼 사람이라고 단정하지도 말자. 인생은 생각보다 길고 세상은 좁다. 예상하지 못한 길목에서 전혀 다른 모습으로 마주칠 수도 있다. 그때 상대의 마음속에 남아 있어야 할

단 한 문장은 이것이다.

"그는 나를 존중했어."

"그와의 만남에는 의미가 있어."

관계를 잘 마무리하는 일은 비단 상대를 위한 배려에 그치지 않는다. 타인을 대하는 방식은 곧 자기 자신을 정의하는 방식이기 때문이다. 끝까지 예의를 갖추는 태도는 스스로의 선택에 책임을 지는 일이며, 나의 품위를 지키는 길이기도 하다.

붕어를 닮은 어느

코미디언 이야기

툭 튀어나온 눈과 두툼한 입술, 붕어를 닮은 원로 코미디언 한무 선생 이야기다.

'붕어'라는 별명은 고 서영춘 선생의 애드리브에서 비롯됐다. "야, 붕어! 너 이리 와봐." 그 짧은 말 한마디가 그의 평생 트레이드 마크가 되었다.

그를 따라다니는 또 다른 별명이 있다. 바로 '짠돌이'다. 후배들은 그를 이야기할 때마다 이 수식어를 빼놓지 않는다. 그런데 이상한 일이다. 후배들은 그를 흉보기보다는 오히려 고마워하며 존경했다.

그 이유는 그의 지갑이 아니라 그가 쓰던 마음의 방식에 있었다. 이 짠돌이 선배는 후배들에게 각별한 애정을 쏟았다. 후배의 생일을 기억했고, 방송은 잘 되고 있는지, 요즘 고민은 없는지를 먼저 물었다. 지적이나 잔소리보다 귀를 내주었고, 판단 대신 공감을 건넸다. 그는 돈 대신 시간과 정성을 내주는 선배였던 것이다.

사람마다 마음을 표현하는 방식이 다르다. 누군가는 기꺼이 밥값을 내고, 누군가는 묵묵히 곁을 지키며, 누군가는 안부를 자주 묻는다. 하지만 우리는 마음의 크기를 너무 단순한 기준으로 재단한다. '나를 위해 얼마를 썼는가.' 어쩌면 마음을 표현하는 데 돈을 쓰는 일은 가장 쉬운 선택일지도 모른다. 정말 어려운 것은 타인의 삶에 애정 어린 눈길을 보내고, 감정의 무게를 함께 짊어지는 일이다.

관계를 단단하게 붙잡아주는 것은 결국 숫자로 셀 수 없는 보이지 않는 씀씀이다. 누가 내 이야기를 들어주었는지, 누가 내 곁에 머물러주었는지 같은 것들 말이다. 사람 사이가 단순한 거래관계로 전락하지 않으려면 겉으로 드러나는 물질보다 그 뒤에 숨은 마음의 온기를 읽을 줄 알아야 한다. 누가 얼마를 썼는지보다 얼마나 많은 마음의 자리를 내어주었는지를 봐야 한다.

예의 바름에 갇히지 말 것

우리는 수많은 사회적 관계 속에서 '선을 지키는' 법을 몸으로 익혀 왔다. 예의 바르고 폐 끼치지 않으려 애쓰고 오해를 만들지 않기 위해 늘 한 박자 늦춘다. 그런데 문득 이런 생각이 든다. 혹시 그 예의가 서로를 좀 더 깊이 이해하고 소통하는데 벽이 되고 있는 건 아닐까.

"제가 옆으로 갈게요."

얼마 전 인터뷰를 위해 만난 한 여성에게서 들은 말이다.

약속 장소에 미리 도착해 자리를 살폈지만, 2층에 넓은 8인용 테이블만 남아 있었다. 인터뷰이도 미리 받은 정보와 달리 젊은 여성이었고 테이블 크기만큼이나 서로의 거리는 어색하게 느껴졌다. 주변의 소란까지 더해지며 인터뷰가 제대로 진행될지 난감했다.

처음 만난 사이 특유의 어색함이 흘렀다. 거리감을 줄여야 한다는 생각은 들었지만 실례가 되지는 않을지, 오해를 사지는 않을지 머릿속에서는 경우의 수가 바쁘게 돌아가고 있었다. 그때 그녀가 밝게 웃으며 말했다.

"너무 멀지 않나요? 제가 옆으로 갈게요."

망설임 없이 자리를 옮기는 모습을 보며 깨달았다. 내가 예의라는 이름으로 세워둔 경계심이 오히려 상황을 풀어가는 데 필요한 사고의 흐름을 막고 있었다는 사실을.

사람을 대하는 방식에는 크게 두 가지가 있다. 하나는 지도형이다. 미리 정해진 규칙과 예의의 틀 안에서만 움직인다. 그 안에서는 안전하지만 예상 밖의 상황 앞에서는 쉽게 멈춘다. 그날 나는 분명 지도 같은 사람이었다. 초면이라는 이유로 지켜야 할 것들에 사로잡혀 관계를 한 발 나아가게 하는 선택을 하지 못했다. 다른 하나는 네비게이션형이다. 이들은 '연결'이라는 목적지를 두고 상황에 따라 경로를 수정한다. 그날 그녀는 어색한 공기와 나의 머뭇거림이 소통의 장벽임을 감지하고 주저함 없이 자리를 옮겼다. 이처럼 개방적인 사람은 상대를 예의주시하며 연결될 준비부터 한다.

어색함을 깨기 위해 그녀가 먼저 다가왔듯, 때로 배려는 복잡한 계산이 아니라 망설임 없는 행동에서 비롯된다. 관계는 나를 중심으로 해서 서로 간의 거리를 정밀하게 조정하는 것만으로는 자라지 않는다. 때로는 상황에 따라 안전거리를 과감하게 넘을 때 관계는 비로소 숨을 쉰다. 예의가 곧 장벽이라는 말은 아니다. 다만 예의라는 안전거리에 지나치게 집착하지 말라는 이야기다. 울타리는 필요하지만 그 안으로 드나들 수 있는 문 또한 있어야 한다. 그 문을 여는 순간은 대개 계산되지 않은 배려, 형식을 잠시 내려놓은 선택에서 찾아온다. 그리고 그 지점에서 관계는 규칙이 아니라 사람을 향해 나아가기 시작한다.

"제가 옆으로 갈게요"

이 짧은 한마디가 보여준 것은 단지 친절함이나 적극적인 성격을 넘어 관계를 살려 내는 예민한 감각이었다. 내가 머릿속으로 경로를 계산하며 머뭇거리고 있을 때 그녀는 선뜻 한 발을 내디뎠다. 그 덕분에 어색함은 풀렸고 인터뷰는 한층 풍부해졌다. 그날 이후 나는 때로, 정해진 경로와 범례가 빼곡한 지도를 접고 상대의 마음을 향해 경로를 다시 잡아본다.

사소한 실수를 곱씹지 않는 연습

인도네시아에서 사업하던 한 지인의 이야기다.

현지 운전기사가 약속에 5분 늦자 그는 한국에서 하던 대로 목청을 높였다.

"아니, 시간 약속을 어기면 어쩌자는 겁니까?"

돌아온 대답은 뜻밖이었다.

"왜 그렇게 화를 내세요? 그렇지 않아도 마음이 무겁고 초조한데, 화까지 내시면 이중처벌이잖아요. 제가 늦어서 생긴 피해는 제가 책임질게요."

순간 지인은 멈칫했다. 실수한 사람이 왜 이렇게 당당하지? 내가 뭘 잘못했나? 그런데 곱씹을수록 묘하게 설득되더란다. 이미 스스로를 책망하고 있는 사람에게 비난을 가하는 게 과연 득이 될까.

라오스에도 이와 비슷한 문화가 있다. 약속에 늦은 사람이 오히려 "괜찮아, 괜찮아"하며 상대를 위로한다. 실수한 자신과 그로 인해 불편했을 상대, 두 사람 모두를 달래는 따뜻한 태도다. 이들의 태도는 단순히 덮고 넘어가자는 뜻이 아니다. 이미 벌어진 일을 받아들이고, 관계의 균열을 최소화하려는 마음의 표현이다.

우리는 실수를 기능 오류나 체면 손상의 관점에서 바라본다. 그에 반해 저들은 관계를 지키는 문제로 본다. 그들에게 관용은 단순한 너그러움이 아니라 추가 피해를 막고 관계를 보존하려는 생활의 지혜다.

물론 모든 실수가 같은 무게를 지니는 것은 아니다. 반복되는 무책임과 소홀함에서 비롯된 실수는 분명 책임이 뒤따라야 한다. 그러나 뜻하지 않게 벌어진 작은 실수까지 같은 잣대로 다루는 건 불필요한 소모다. 작은 실수는 비난보다 회복이 우선이다.

우리는 체면이나 평판을 지나치게 의식하는 경향이 있다. 그래서 사소한 실수에도 그 순간을 곱씹으며 스스로를 몰아세운다. 하지만 사람들은 생각보다 남의 일에 관심이 없다. 내게는 부끄럽고 엄청나게 느껴지는 실수도 타인에게는 금세 잊힐 에피소드에 불과한 경우가 많다. 스스로의 잘못을 과장해 주변 모두가 나를 비난할 것처럼 상상하지만 사람들은 자기 삶에 바빠 남의 작은 실수를 오래 기억할 여유가 없다.

실수를 확대 해석하거나 곱씹지 말자. 라오스 사람들처럼 실수에 조금 더 관대해도 괜찮다. 피해가 있다면 사과하고 책임지면 되고, 없다면 배우고 넘어가면 된다.

대화는 상식적으로, 사과는 파격적으로

법원 조정 업무를 하며 진심 어린 사과를 보는 일은, 피지에서 초등학교 동창 만나는 것만큼이나 쉽지 않다. 그런데 얼마 전 나는 그 희귀한 장면을 목격했다.

사건의 발단은 윗집 욕실에서 새어 나온 물이 아랫집 천장을 망가뜨리면서 시작됐다. 세입자 연락을 받은 윗집 주인은 즉시 업체를 불러 수리했지만, 문제는 아랫집 바닥까지 변색되었다는 사실이다. 윗집은 천장 수리비로 70만 원을 제시했고, 아랫집은 물이 벽체를 타고 흘렀다며 검사비와 복구비 명목으로 300만 원을 요구했다. 이에 윗집은 벽체 누수와는 무관하다고 주장했고, 아랫집은 조사해봐야 안다고 맞섰다. 이렇게 300만 원의 검사·복구비와 70만 원의 수리비를 두고 팽팽한 대립이 이어졌다. 이때 60대로 보이는 아랫집 남편이 조용히 입을 열었다.

"돈도 돈이지만, 이번 일로 제 아내가 잠도 못 자며 얼마나 속상해했는지 아십니까? 그런데도 문자로만 대응하는 윗집을 보면서 우리를 기만하는 것처럼 느껴졌습니다."

30대로 보이는 윗집 부부는 그럴 리가 있느냐며 펄쩍 뛰었다. 집을 세 놓고 지방에 있다 보니 생긴 오해였다고 설명했다.

대화를 듣는 순간 팍 느낌이 왔다. 이 사건의 본질은 돈이 아니라 '감정'에 있다는 것을. 윗집의 소통 방식이 아랫집 입장에서는 무시한다는 인상을 준 것이다. 나는 아랫집 부부를 잠시 밖에서 기다리게 한 뒤 윗집 부부에게 물었다.

"사과할 의향이 있습니까?"

남편은 잠시 숨을 고르더니 고개를 끄덕였다. 사실 그때까지만 해도 나는 큰 기대를 하지 않았다. 잠시 후 아랫집 부부가 들어왔다. 그러자 윗집 남편은 양복 단추를 채우고 옷매무새부터 다듬더니 자리에서 벌떡 일어났다. 그리고는 90도로 고개를 숙였다.

"정말 죄송합니다. 문자로만 소통하다 보니 두 분이 얼마나 힘드셨을지 미처 헤아리지 못했습니다. 불편을 드린 건 전적으로 제 불찰입니다. 다시 한번 사과드립니다."

그는 다시 깊숙이 머리를 숙였다.

놀란 아랫집 부부도 자리에서 일어나 인사를 받아주었다. 순간 냉랭하던 공기가 단숨에 풀렸다. 수많은 조정을 거치며 이런 장면을 본 건 나도 처음이었다. 대부분의 경우 억울하다는 표정을 감추지 못한 채 마지못해 사과하고 만다. 그러나 모두의 예상을 뛰어넘는 진심 어린 사과가 얼어붙었던 관계를 단박에 녹여버린 것이다.

결국 아랫집 부부는 300만 원 요구를 철회했고, 윗집이 제시한 70만 원조차 받지 않겠다고 했다. 나는 상징적으로라도 받으시라 권했고, 사건은 원만히 마무리되었다.

그날 나는 깨달았다. 아니, 배웠다. 파격적인 사과가 가져오는 놀라운 회복의 힘을. 여기에 진정성까지 더해지면 사과는 백 점짜리가 된다. 그런 사과는 돈보다 값지고, 어떤 보상보다 오래 남는다. 선물을 생각해보면 된다. 짐작할 만한 선물은 고만고만한 것들 사이에서 금세 잊힌다. 하지만 예상을 뛰어넘는 선물은 두고두고 기억난다.

선물이나 사과의 가치는 단순한 합산이 아니라 파격과 비교 우위에 있다.

ⓒ 장동혁

보이지 않는 건
관리할 수도 없다

본전 생각

흘려보내기

어느 가을 날, 고양이 얀에게 강가에 사는 곤들메기 카와카마스가 찾아왔다. 얀은 버섯이 잘 나는 곳을 알려 주었고 카와카마스는 헤엄 잘 치는 법을 가르쳐 주었다. 그렇게 둘은 친구가 되었다. 그런데 카와카마스에게는 한 가지 이상한 버릇이 있었다. 만날 때마다 뭔가를 빌려가서는 돌려주지 않는 것이다.

"아참! 내일이 마을 축제인데 저 고깔모자 좀 빌릴 수 있을까?"

소금, 버섯, 홍차에서 시작해 마침내 살림 밑천인 사모바르(러시아에서 물을 끓이는 데 사용하는 용기)까지 가져가서는 소식이 없다.

큰 비가 내린 다음날, 친구가 걱정된 얀은 강가로 나섰다. 오랜만에 만나 이런저런 얘기를 나눈 뒤 돌아서는데, 또 시작이다.

"아차! 내일이 우리 가족 잔치인데 말이야, 말린 생선 좀 빌려줄래?"

그런 친구에게 얀은 화를 내기는커녕 기꺼이 그러겠다고 대답한다.

이 장면을 보며 우리는 당황한다. '바보 아냐? 손해만 보고 있잖아. 왜 손절하지 않는 거야? 얀은 거절하는 법부터 배워야 해.'

얀이 아무리 "나는 행복합니다"를 흥얼거려도 우리는 이를 정신승리로 치부하며 곧이곧대로 믿으려 들지 않는다. 이때 《얀 이야기》의 작가는 말한다.

"카와카마스가 교활하다고 느꼈다면, 당신이 지쳐 있다는 증거다."

이용만 당하는 것 같아 손해 봤다고 느끼는 순간이야말로 우리 마음이 이미 계산과 초조함에 지쳐 있다는 증거란다.

우리는 관계를 저울 위에 올려놓는다.

"내가 이만큼 했으니 너도 이만큼은 해야지."

"지난번엔 내가 먼저였으니까 이번엔 네 차례야."

"왜 나만 먼저 연락하는 거야?"

관계를 맺으며 주고받는 것들이 마음의 저울 위에 조용히 올라간다. 건넨 만큼 되돌려받아야 한다는 보상 심리, 연락의 횟수와 답장의 속도를 헤아리는 마음은 관계를 소모적인 노동으로 바꾼다. 반면, 얀은 관계에서 손익을 따지지 않았다. 그는 빌려준 물건을 돌려받는 일보다 서로 연결되어 있다는 사실 그 자체에 감사했다.

어떤 관계는 주고받음의 계산이 아니라 연결 그 자체에서 의미가 생긴다. 부모는 아이를 돌보며 그것을 희생이나 헌신으로 생각하지 않는다. 그런 사랑 속에서 아이가 자라듯, 부모 역시 기적처럼 성장한다. 양육을 투자나 거래로 여기는 순간 돌봄은 그저 수고가 될 뿐이다. 주었으니 그만큼 받아야 한다는 강박과 덜 받았으니 손해라는 생각을 내려놓는 순간,

관계는 초조함의 늪을 벗어나 호젓한 오솔길로 접어든다. 이
것이 바로 숲 속 친구가 우리에게 보여준 성장하는 관계의 비
밀이다.

결국 관계의 본질은 누가 더 많이 얻었느냐에 있지 않다.
함께한 시간 동안 마음이 얼마나 따뜻했는지, 그리고 서로가
얼마나 깊어지고 성장했는지에 달려 있다.

도덕 중독자는 옆 사람을 불안하게 한다

우리는 종종 '선한 사람'이라는 가면을 쓰고 스스로를 소진시킨다. 사소한 일에 죄책감을 느끼고, 남의 몫까지 떠안으며 스스로를 몰아붙이기도 한다. 좋은 인상을 남기고 누군가에게 도움이 되고 싶은 마음에서다. 그런 선함의 추구는 서로를 피곤하게 만드는 굴레가 되기도 한다.

몇 해 전 해외에서 렌터카를 몬 적이 있다. 식사를 마치고 나오다 차량 하부가 도로 경계석에 부딪쳤다. 운행에는 아무 문제가 없었지만 일행 중 한 명이 유독 불안해했다.

"렌터카 회사에 알려야 하지 않을까요?"

다들 괜찮다고 했지만 그는 반납하는 순간까지 직원에게 알리자고 주장했다. 처음엔 정직해 보이던 그의 태도가 나중에는 모두를 지치게 만들었다. 누군가의 도덕성이 관계를 불편하게 만들어버린 것이다.

도덕성은 공동체를 지탱하는 중요한 장치다. 하지만 지나치면 관계에 독이 된다. 도덕적으로 예민한 사람은 다른 이는 눈치채지도 못할 문제를 감지하고 자신이 해결해야 한다고 믿는다. 이 예민함이 불안을 낳고 주변을 부담스럽게 만든다.

어느 목사는 이렇게 푸념했다.

"왜 사무실 바닥의 휴지는 나만 주울까? 다들 안 보이나?"

그러자 선배 목사가 조용히 답했다.

"정말 안 보이는 게 아닐까?"

이 대화의 핵심은 단순하다. 도덕성 과잉이 문제가 될 수도 있다는 사실이다. 심리학자 듀크 로빈슨(Duke Robinson)은 《선한 사람이 실패하는 9가지 이유》에서 "선한 사람일수록 자신을 구원자나 보호자로 여기기 쉽다"고 말했다. 그러다 보니 문제를 지나치지 못하고 뛰어든다. 심지어 선의가 도덕적 우월감으로 변하거나, 타인을 평가하는 잣대가 되기도 한다. "저 사람은 왜 저렇게 하지?"라는 말 속에는 상대를 아래로 보는 시각이 담겨 있다.

지나친 도덕성이 가진 위험은, 그것이 문제로 인식되지 않는다는 데 있다. 술이나 도박과 달리 피해가 눈에 드러나지 않기 때문에, 자각하거나 통제하기가 힘들다. 이것이 '도덕 중독'의 본질이다. 시도 때도 없이 작동하는 도덕성 때문에 불안과 피로를 낳고 결국 주변 사람까지 불편하게 만든다.

심지어 도덕적 우월감에 사로잡혀 타인의 실수를 자신의 순수함을 증명할 도구로 삼기도 한다. 이들은 타인의 흠결을 매의 눈으로 관찰하고 포착해내지만, 실수를 너그럽게 눈감아 주거나 손수 보살피는 일은 드물다. 오히려 누군가의 결점을 공공연히 드러냄으로써 자신이 도덕적 고지에 서 있다는 걸 즐기는 것처럼 보이기도 한다.

도덕적 민감성에서 벗어나는 길은 R&R 즉, 역할(Role)과 책임(Responsibility)의 경계를 분명히 하는 것이다. 렌터카 점검과 비용 청구는 회사 책임이다. 고객은 그 절차에 따라 대응하면 된다. 세상 모든 문제를 혼자 짊어질 필요가 없다.

관계도 마찬가지다. 커피를 받았으니 반드시 갚아야 한다는 부담, 회식 분위기를 띄워야 한다는 막연한 의무, 썰렁한 단체 톡방 창을 보며 뭐든 올려야 한다는 압박을 혼자 떠안을 이유가 없다.

세상은 늘 문제로 가득하다. 선의만으로 모든 문제를 해결할 수도 없다. 결함이 감지될 때마다 무모하게 뛰어드는 것은 진정한 용기도 참된 선의도 아니다. 때로는 불편함 가운데 머무는 힘도 필요하다.

문제가 없어야 한다는 완벽주의에서 벗어나자. 내가 해결해야 한다는 구원자 마음도 내려놓자. 내 역할에 충실하고 나머지는 내려놓는 게 맞다.

방금 상대가 한 말을

기 억 못 한다면

법원에서 조정 업무를 하며 확실히 느낀 한 가지가 있다. '우리는 남의 말을 듣지 않는다.' 서로 다른 언어로 말하는 것이 아닐까 싶을 정도다. 협상이나 설득보다 어려운 것은 귀를 기울이게 만드는 일이다.

"내가 몇 번이나 연락했다고요! 당신이 안 받았잖아요!"

"무슨 소리에요? 휴대폰 까보실래요?"

기록만 확인하면 정리될 일도 결국은 감정 싸움으로 번진다. 그때마다 나는 묻는다.

"방금 상대가 뭐라고 했는지 말해 보시겠어요?"

대개는 제대로 대답하지 못한다. 방금 전 바로 앞에서 들은 말조차 기억하지 못하는 것이다. 이유는 단순하다. 듣지 않아서다. 귀 기울일 가치조차 없다고 여기기 때문이다. 머릿속이 온통 자기 주장으로 가득 차 있는 상태라 상대방 말이 들어올 틈이 없다.

'웃기고 있네. 말이 되는 소리를 해야지.'

'기가 차네. 들을 가치도 없어.'

이러한 생각 속에서 상대 말은 이해의 대상이 아니라 반박 대상일 뿐이다.

철학자 마르틴 부버(Martin Buber)는 이러한 관계를 'I-It'(나-그것)의 관계라 불렀다. 상대를 나(I)처럼 복잡한 내면을 가진 인격체 You(너)가 아니라, 말 몇 마디로 움직일 수 있는 It(그것)으로 보는 것이다. 그 순간 상대는 이해가 필요한 인간이 아니라 설득하거나 꺾어야 할 대상으로 전락한다.

I-It 관계가 I-You로 바뀌지 않는 한, 귀는 열리지 않는다. 그렇다면 I-You 관계란 무엇일까. 상대도 나처럼 논리 이전

에 감정이 있고, 정답 너머에 사연이 있는 한 인간으로 인정하는 태도다. "당신이 그렇게 느꼈다면, 그럴 만한 이유가 있겠지." 이 한마디가 I-It을 I-You로 바꾸는 시작이다.

타인을 쉽게 인격체(You)가 아닌 대상(It)으로 대하게 되는 이유는 자신의 내면은 복잡하고 정교하게 체감되는 반면 타인의 내면은 직접 들여다볼 수 없기 때문이다. 그러다 보니 상대의 단편적인 행동을 통해서만 판단하게 된다. 이러한 인식의 비대칭성 속에서 우리 뇌는 타인을 이해의 대상이 아니라 통제 가능한 도구로 격하시킨다.

심지어 법정 다툼에서 상대는 It을 넘어 제거해야 할 장애물이나 물리쳐야 할 악당쯤으로 치부된다. "재판으로 갑시다." 이 말은 더 이상 참지 않겠다는 선언이며, 상대를 대화 주체가 아닌 단순히 처리 대상으로 보는 시선이다. 그러나 상대를 You로 대하기 시작할 때 비로소 얼굴과 마음이 보이고 말이 들리기 시작한다. 듣는다는 것은 단순히 귀를 열어놓는 일이 아니다. 그것은 한 인간을 존재 자체로 받아들이는 행위다.

나를 불안하게 하는

사람과 멀어지기

1980년대 이탈리아 홈쇼핑의 여왕 반나 마르키. 그녀의 초창기 성적표는 처참했다. 그러나 3회 차 방송에서 대반전이 일어난다. 카메라 앞에서 갑자기 눈물을 흘리며 호소하기 시작한 것이다.

"당장 아이들 먹여 살릴 일이 걱정이네요."

화려한 방송인의 가면 뒤에 숨겨진 '취약함'을 목격한 순간 시청자들의 경계심은 모래알처럼 흩어졌다. 그날 걸려 온 주문 전화만 2천여 통. 사람들은 상품이 아니라 그녀의 눈물에 담긴 '진정성'을 샀다.

우리는 종종 타인의 눈물 앞에서 무력해진다. 특히 관계에 진심인 20, 30대 여성에게 소중한 이의 불행은 외면하기 힘든 부채가 되기도 한다.

"나 정말 힘들어." "너밖에 없어."

이 말들은 스펀지처럼 우리의 시간과 감정을 빨아들인다. 그러나 마르키가 눈물로 연 상자 속에 담긴 것이 구원이 아니라 치명적인 독이었음을 우리는 간과한다.

눈물로 마음을 장악한 그녀는 곧 본색을 드러냈다. 사람들의 불안과 염원을 미끼로 행운을 가져다준다는 부적을 팔기에 이른다. 불행을 피하려 거금을 쓰며 그녀에게 매달린 사람들은, 그녀가 심어놓은 불안이라는 감정의 노예가 되어 갔다.

우리 주변에도 이런 다정한 약탈자는 존재한다. 처음에는 공감과 위로로 다가오지만 관계가 깊어질수록 은근슬쩍 당신의 불안을 건드린다.

"너 그러다 큰일 나."

"그 사람, 너 이용하는 거 안 보여?"

"요즘 얼굴이 안 좋아 보여."

다정한 염려로 포장된 이 말들은 사실 상대의 자존감을 흔들어 자신에게 의존하게 만들려는 '감정적 부적'이다.

마르키의 종말은 비참했다. 점점 더 자극적이고 대담한 사기를 벌이다가, 끝내 감옥으로 향했다. 타인의 감정을 볼모로 유지되는 관계는 언제나 파국으로 끝난다. 특히 가족이나 연인처럼 내밀한 관계에서 감정적 부적은 한 사람의 삶 자체를 돌이킬 수 없게 만들기도 한다.

만약 지금 누군가의 눈물 때문에 일상이 흔들리거나 대화를 마치고 돌아서는 순간 설명할 수 없는 불안과 자괴감이 밀려온다면, 냉정하게 자문해야 한다. '이 사람은 지금 내 안녕을 바라고 있는가, 아니면 내 불안을 팔아 자신의 존재감을 사고 있는가.'

진정한 관계는 눈물로 시작될 수는 있어도 결코 불안으로 완성되지 않는다. 누군가의 호소나 조언이 삶의 중심을 흔들고 있다면 당장 그 손을 뿌리쳐라. 당신은 타인의 불행을 대신 짊어질 의무가 없으며, 실체 없는 부적에 귀한 인생을 저당 잡힐 이유도 없다.

돈은 힘이 세다,

어느 정도까지는

질량을 가진 모든 존재가 에너지를 품고 있듯, 인간관계 또한 에너지다. 관계를 맺고 유지하는 모든 행위, 돈과 시간, 세심한 주의와 감정의 소모, 심지어 무심코 던지는 말 한마디까지 모두 에너지가 들기 때문이다. 흥미로운 점은 관계의 온도에 따라 에너지 흐름이 마법처럼 달라진다는 사실이다. 연애 초기에는 밤새 통화하고도 힘든 줄 모른다. 오히려 충전되는 느낌이다. 그러나 마음이 식으면 전화 버튼 누르는 것조차 버겁고 가벼운 식사 약속에도 온갖 생각이 몰려온다.

건강한 관계는 에너지가 자연스럽게 순환한다. 한쪽만 에너지를 쓰거나 공급이 끊어지면 관계는 소멸한다. 요즘 젊은 세대가 회식을 꺼리는 이유도 여기에 있다.

"점심 회식이요? 종일 한 공간에 같이 있는데, 밥이라도 편하게 먹고 싶네요."

식당 예약부터 수저 놓기, 표정 관리까지 특정 세대가 도맡아야 한다면 에너지는 급속도로 방전될 수밖에 없다. 건강한 관계는 에너지가 자발적으로 순환하는 상태를 전제로 한다. 억지와 계산이 개입되는 순간 에너지는 흐르지 못하고 멈춘다. 지속가능한 관계란 서로 기꺼이 에너지를 쓰고 싶어지는 상태에서만 유지된다.

더욱 흥미로운 점은 관계에도 상대성이 존재한다는 사실이다. 대개 강하거나 아쉬울 게 없는 쪽은 에너지를 적게 쓰고도 관계의 이득을 쉽게 얻는다. 약하거나 아쉬운 쪽은 더 많은 에너지를 쏟기 마련이다. 이처럼 관계의 영향력에서 불균형이 발생한다면 관계 에너지는 쉽게 소멸하고 만다.

아인슈타인이 발견한 질량-에너지 등가 방정식 $E=mc^2$으로 관계의 영향력(E)을 정의해본다면 어떨까? 관계를 움직이는 힘은 크게 두 요소의 결합으로 설명할 수 있다. m과 c이다.

m은 Money & Manner로, 보상과 태도를 의미한다. 보상이 주어지면 헌신은 한결 수월해진다. 하지만 여기에 예의와 태도라는 또 다른 질량이 더해지지 않으면 관계는 쉽게 사라진다. 예를 들어, 근사한 식사와 값비싼 선물은 분명 마음을 움직인다. 그러나 식사 내내 자기 자랑만 늘어놓거나 종업원에게 무례하게 군다면 그 물질적 보상은 순식간에 불쾌함으로 변한다.

또 다른 요소 c는 Charisma & Charming으로, 인간적 매력을 가리킨다. 사람을 끌어당기는 인간적인 매력이다. 이 요소는 공식에서 제곱으로 작용한다. 즉, 매력은 관계의 영향력을 기하급수적으로 증폭시키는 핵심 변수다.

m과 c^2은 곱셈으로 작용한다. 아무리 보상이 크더라도 인간적 매력이 '0'에 수렴한다면, 관계의 영향력 역시 0이 된다. 나이가 들수록 분명해지는 진리가 있다. 조건만으로 사람을 곁에 둘 수는 없다는 것. 결국 사람을 곁에 머물게 하는 힘은 상대 에너지를 빼앗지 않으면서도 자발적으로 흐르게 만드는 인간적 매력이다.

마음의 양자역학 개론

양자세계에서는 마법 같은 일들이 벌어진다. 좌충우돌하던 입자가 어느 순간 파동이 되는가 하면, 물결처럼 흐르던 파동이 단단한 입자로 굳기도 한다. 이 낯선 미시 세계는 우리 감정과 묘하게 닮았다. 사사건건 따지던 사람이 누구 앞에서는 순한 양이 되고, 한없이 부드럽던 사람이 느닷없이 단단히 굳는다. '어쩜 저럴 수 있지?' 하다가도, 돌아보면 나 역시 예외가 아님을 깨닫는다.

대학 신입생 시절, 연구실에서 먹고 자며 초파리를 관리하던 때였다. 고된 일상 속에서도 작은 즐거움이 있었으니 경비 아저씨와 바둑 두는 시간이었다. 삼촌뻘이었지만 바둑판 앞에서는 나이도 직책도 무색했다. 농담을 주고받으며 어지간한 일은 웃어넘겼다.

그러던 어느 날 바둑을 마치고 돌아가던 우리를 복도에서 불러 세우더니 불같이 화를 냈다.

"지금 뭣들 하는 거야! 건물 문 제대로 닫고 가야 할 거 아냐!"

어안이 벙벙했다. 불과 몇 분 전까지 웃으며 바둑 두던 사람이 맞나 싶었다. 게임에 진 것도 아니었다. 표정은 돌처럼 굳어 있었고 목소리도 더 이상 너울거리는 파동이 아니었다. 굳어도 단단히 굳은 입자였다. 그분이 바둑 친구에서 건물 관리자로 돌변하는 순간을 받아들이기까지는 꽤 오랜 시간이 걸렸다.

그렇다면 입자처럼 굳은 마음을 어떻게 부드러운 파동으로 바꿀 수 있을까?

양자세계에서 입자가 파동으로 바뀌는 조건 중 하나는 온도다. 충분히 차가워지면 입자는 서서히 파동으로 변한다. 우리 마음도 마찬가지다. 감정 온도를 낮추면 굳었던 마음이 서서히 풀린다. 이때 도움이 되는 것이 '감정 프로파일링'이다. 감정과 일정 거리를 두고 제3자의 시선으로 스스로를 관찰하는 것이다. 이때 감정을 억누르거나 자책할 경우 오히려 역효과가 난다. 억압된 감정은 언젠가는 터져 나온다. 감정이 흐르도록 두고, 이렇게 스스로에게 물어보자.

'이 감정의 정체는 무엇일까. 분노일까, 서운함일까, 아니면 당혹감일까?'

일단 감정 프로필이 만들어지면 감정의 숨이 살짝 죽는다. 믿을 만한 사람에게 감정을 털어놓는 것도 도움이 된다. 단, 섣부른 충고부터 하는 사람은 피하는 것이 좋다. 내 감정을 소홀히 여긴다고 느껴지면 오히려 감정이 격해지기 때문이다.

감정이 가라앉고 주변이 제대로 보이기 시작하면, 마음은 점차 파동으로 변한다. 그제야 상대에게 씌워졌던 '나쁜 사람'이라는 프레임이 벗겨지면서 그의 본래 얼굴이 드러난다. 날선 말투도 한결 부드러워진다.

우리 마음은 매 순간 파동과 입자 사이를 오간다. 중요한 것은 이렇듯 단단하게 굳은 채로 오래 머물지 않는 것. 그리고 굳어진 마음으로 상대를 성급하게 단정하지 않는 것이다.

나도 너만큼

대학원 시절 이야기다. 크리스마스를 앞둔 어느 저녁, 식사를 마친 뒤 나는 습관처럼 연구실로 향했다. 평소대로 현미경 조동나사를 돌리려는 순간 생각 하나가 스쳤다. '연구실 창을 트리로 장식하면 어떨까? 분위기도 밝아지고 지나가는 사람들 마음도 따뜻해지지 않을까.'

다음날 기대감을 품고 동료들에게 아이디어를 내놓았다. 다들 고개를 끄덕일 때 후배 하나가 입을 열었다.

“뭐 하러 그런 데 돈을 써요?”

예상치 못한 반응에 긴장감이 올라왔다.

“알아봤는데, 그거 얼마 안 해. 분위기도 좋아지고…”

설득했지만 요지부동이었다.

“고작 며칠 보자고 돈을 써요?”

결국 원하는 사람만 참여하기로 했고, 며칠 뒤 전구가 촘촘히 달린 트리가 창문을 밝혔다. 고달팠던 시절, 반짝이는 불빛이 쓸쓸함을 달래주었다. 그때 후배는 트리를 보며 무슨 생각을 했을까. 나처럼 따뜻함을 느꼈을까, 아니면 불편함이 올라왔을까? 성격상 별생각 없었을 것 같기도 하다.

그날 우리는 서로를 이해하지 못했다. 나는 낭만적 분위기를, 후배는 실리를 따졌다. 각자 자기가 합리적 사고를 한다고 생각했다. 그 자리에 독일 사회학자 막스 베버가 있었다면 이렇게 말했을 것이다.

“두 분 다 맞습니다. 서로 다른 합리성을 말하고 있을 뿐이에요.”

우리는 흔히 합리적이라면 같은 결론에 도달해야 한다고 생각한다. 그러나 현실은 그렇지 않다. 우리에게는 각자만의 합리성이 있다. 저마다 살아온 경험과 가치관이 다르기 때문이다. 합리성은 단수가 아니라 복수인 것이다.

내가 크리스마스 트리 아이디어를 제시했을 때 후배는 연구실 꾸미는 데 돈 쓸 필요 없다며 실용적 합리성을 주장했다. 그는 일시적 분위기를 위한 비용 지출이 과하다고 느꼈을 것이다. 반면 나는 비용이 들더라도 분위기를 따뜻하게 바꾸는 일이 의미 있다고 보았다. 이는 정감적 합리성에 가까웠고, 전해 내려오는 전통과 상징을 중시하는 전통적 합리성도 한몫했다. 이처럼 서로 다른 기준을 가진 합리성이 충돌할 때 대화는 쉽게 막힌다. 출발점이 다르고 향하는 방향도 다르기 때문이다.

그렇다면 이때 필요한 것은 무엇일까. 상대를 설득하는 기술이 아니라 상대가 무엇을 합리적이라고 여기는지 이해하려는 태도다. 그리고 그 기준 안에서 함께 해결책을 찾아보려는 노력이다. 예컨대 내 후배처럼 실용성을 중시한다면 비용을 최소화하면서 크리스마스 분위기를 살리는 방법을 찾아보는 거다. "비용 많이 들이지 않고 연구실을 꾸밀 방법은 없을까?" 가벼운 농담으로 우회하거나 상대에게 퇴로를 열어주는 방법도 있다. "트리를 만들어보고 영 별로면 그땐 내가 비용 다 감당할게. 내가 제안했으니까. 괜찮지?”

　우리는 자신과 다른 생각을 마주할 때 내 계획을 방해하는 장애물로 규정하곤 한다. 이를 ‘도로 장애물 환상’이라고 한다. ‘저 사람 때문에 일이 또 꼬였어’라고 인식하는 순간 뇌는 대안을 찾기보다 상대를 피하거나 제압하려 든다. 자신의 합리성만이 정답이라 믿는 것이다. 갈등이 파국으로 치닫는 원인은 바로 여기에 있다. 각자의 합리성이 서로를 찌르는 무기가 되는 것이다. 이때 관점의 전환이 필요하다. 합리성을 고정된 하나의 정답이 아니라 개인의 경험과 가치관에 따라 달라지는 유동적인 기준으로 받아들여야 한다. 그래야 상대를 협력자로 인식하며 접점을 찾아갈 수 있다.

비밀

밴드 크라잉넛이 처음부터 잘나간 것은 아니다. 90년대 초, 지하 공연장에서 〈말 달리자〉를 외칠 때만 해도 영국 펑크록의 아류라는 평가가 따라붙었다.

"그렇다면 우리는 조선 펑크다!"라며 호기롭게 받아친 지 30년, 오늘날 그들은 한국 록 밴드의 전설이 되었다. 더 놀라운 건, 30년 동안 멤버가 한 번도 바뀌지 않았다는 사실이다. 그들은 담담히 말한다.

"서로를 너무 잘 알아서이기도 하고, 화해하기 귀찮아서도 안 싸워요."

농담처럼 들리는 말 뒤에는 그들만의 독특한 철학이 숨겨져 있다.

크라잉넛은 저작권 수익을 작곡자가 독점하지 않는다. 누가 곡을 썼든 간에 똑같이 나눈다. 누가 만들었느냐보다 함께 기여했음을 먼저 생각한다. '공유의 철학'이 30년간 그들을 하나로 묶어주었던 것이다. 철학에 맞게 매년 수익의 일부를 기부하고, '크라잉넛쇼'를 열어 후배들에게 무대를 내어주기도 한다. 독립군가를 재해석한 곡의 권리를 국가에 귀속시키기도 했다. 내 것이 아니라 우리의 기억으로 남기고 싶다는 이유에서다. 유명해질수록 더 움켜쥐려는 세상에서 그들은 오히려 나누는 쪽을 선택했다.

크라잉넛이 보여주는 '덜 갖되, 더 함께하는 법'은 인간관계를 고민하는 우리에게 힌트를 준다. 진짜 연대와 동행은 계산에서 나오지 않고 순환에서 만들어진다. '내가 이만큼 했으니 너도 이 정도는 해야지'라고 생각하는 순간 관계는 거래가 되고 만다. 반대로 선인들의 지혜가 보여주듯, 내가 조금 손해

보더라도 사람을 잃지 않겠다고 하는 마음의 여유가 관계를 살린다. 당장은 손해로 보이지만 그 선택은 훗날 신뢰라는 이자로 돌아온다.

인간관계에서 진짜 수익률은 당장의 이익이 아니다. 나를 지지해주는 사람들과 얼마나 오래, 마음 편히 함께할 수 있는지에 달려 있다. 조금 덜 가지더라도 오래 함께할 수 있다면, 그것이야말로 관계에서 최고 수익률을 거두고 있는 것이다.

드라마와 다큐가

공존하는 법

갈등 조정을 하다 보면 흥미로운 장면을 목격할 때가 있다. 똑같은 일을 겪고도 쌍방이 전혀 다른 이야기를 만들어낼 때다. 이 장면에서 가장 눈에 띄는 것은 다들 자신이 경험한 것을 사실이라고 굳게 믿는다는 점이다. 이런 상황에서 "달리 생각해 보실 수도 있지 않을까요?"라고 말해 봐야 돌아오는 건 "지금 나를 의심하는 거요?" 내지 "누구 편이세요?"라는 반응이다. "당신 말 듣고 보니, 내가 틀렸네요" 같은 대답이 나오는 경우는 거의 없다고 보면 된다.

이때 조정가는 각자의 확신을 재구성하는 역할을 한다. 즉, 자신이 믿고 있는 확신이 외부와 단절된 뇌가 만들어낸 이야기일 수 있다는 사실을 깨닫게 돕는 일이다. 그 시작은 질문이다.

한 부부가 조정실에 들어온다. 아내가 날 선 목소리로 외친다.

"맨날 취해서 들어오는 이 인간 때문에 못 살겠어요!"

조정가가 묻는다.

"방금 맨날이라고 하셨는데요, 이번 주는 몇 번이나 그랬나요?"

맨날이 서너 번으로, 그리고 두세 번으로 줄어든다. 기다렸다는 듯 남편이 반박한다.

"무슨 소리! 이번 주는 수요일 딱 한 번, 그것도 소주 두 병 반 마셨다고. 27,500원 나왔어."

여기서 '그게 뭐가 중요해, 이 원수야!'라는 말이 안 나오면 다행이다.

남편은 팩트 여부를 따지지만 아내에게 중요한 것은 사실보다는 감정, 즉 '얼마나 속이 상했는지'가 중요하다.

세상에는 두 유형의 인간이 있다. 숫자와 사실로 세상을 이해하고 만들어진 이야기보다 논리를 믿는 터미네이터형(Fact-driven)과, 감정과 이야기 맥락을 중시하고 자신의 경험이 곧 진실이라 믿는 극작가형(Story-driven)이 있다. 두 유형이 무리없이 어울리기란 쉽지 않다. 흥분한 극작가가 드라마를 쏟아놓을 때 터미네이터는 빨간 펜을 들고 팩트를 체크할 것이다. 한쪽은 "그게 맞아?"를 묻고, 다른 한쪽은 "그게 왜 중요한데?"라고 되묻는다.

터미네이터에게 극작가는 늘 거짓말을 일삼는 허풍쟁이로, 극작가에게 터미네이터는 진짜 세상을 보지 못하는 비인간적인 사람으로 읽힌다. 서로의 심리적 욕구(터미네이터형은 정확한 정보, 극작가형은 감정의 인정)가 충돌하기 때문이다.

조정은 어느 한쪽의 고집을 꺾거나 오류를 지적하는 것이 아니라 주재료와 양념의 균형을 맞추는 일이다. 터미네이터형에게는 이렇게 조언한다. "11시 57분에 들어온 것은 사실이지만, 아내는 당신이 늦어서 걱정됐다는 말을 하고 있는 거예요." 극작가형에게는 이렇게 말해준다. "정확한 사실 없이 감정만 호소하다간, 어떤 말을 해도 힘을 잃게 됩니다."

터미네이터만 모인 세상은 말없이도 착착 돌아가겠지만 삭막할 것이다. 극작가만 모여 사는 세상은 심심할 일은 없겠지만 넘쳐나는 드라마로 피곤할 것이다. 다행히 세상에는 두 유형이 적절히 섞여 있다. 터미네이터형은 여유와 상상력을, 극작가형은 절제와 진실에 대한 존중감을 갖는다면 법원에서 조정할 일이 많이 줄 것이다.

인간관계도 리모델링이 필요하다

소개팅 자리, 남자가 묻는다.

"뭐 마실래요?"

여자가 답한다.

"카페라테요. 우유를 좋아해서요."

남자의 질문은 액션(Action)이고, 여자의 답은 리액션(Reaction)이다. 이렇게 액션과 리액션이 오가는 것을 상호작용(Interaction)이라 한다. 이 상호작용이 우리를 웃고 울게 만드는 관계의 시작이자 최소 단위다.

그렇다면 이 남녀는 서로 관계가 있는 것일까? 아니다. 몇 번 만났다고 관계가 생기지는 않는다. 문자 몇 번만 씹혀도 관계는 사라지고 만다. 지속적으로 만나면서 익숙해지고, 함께할 때 편안해져야 비로소 관계가 생긴다. 그 위에 둘만의 애칭, 규칙, 의식이 더해지며 관계는 구조로 발전한다. 구조란, 관계가 쉽게 흩어지지 않도록 받쳐주는 기둥 같은 것이다. 언행이 상호작용으로, 상호작용이 관계로, 관계가 구조로 확장되는 것. 이것이 관계의 기본 법칙이다.

연인, 가족, 직장, 동호회가 구조다. 구조화된 관계는 안정감을 주지만 동시에 나를 옭아매는 족쇄가 되기도 한다. 연인 관계를 떠올려보자. 매운 음식이 당길 때 함께 가주는 것은 구조가 주는 혜택이다. 그런데 어느 때부터 매운 음식 얘기를 꺼내도 못 들은 척하고 짜증을 부린다.

"지난번에도 갔잖아. 나 게임 중인 거 안 보여?"

그 순간 여자의 기대는 어긋나고 남자는 간섭받는 기분에 피곤해진다. 둘을 하나로 묶어주던 구조가 어느새 형틀이 된 셈이다. 군대 동기 번개 모임도 제치고 영화관으로 끌려간 날

은 어떤가. 즐겁기는커녕 철창 속에 갇힌 기분이니 나가는 말
이 고울 리가 없다. 그렇다고 사귀기 전처럼 문자 한 줄로 끝
낼 수도 없다. 이미 관계는 주고받은 감정과 약속, 의식, 주변
의 기대까지 얹혀 견고한 구조가 되어버렸기 때문이다. 퇴근
하며 문자를 보내고 마음에도 없는 주말 약속까지 잡아버린
다. 이쯤 되면 내가 관계를 움직이는 건지 관계가 나를 조종
하는 건지 헷갈린다.

이 혼란은 감정의 문제가 아니라 관계 구조의 문제다. 건물
이 오래되면 재건축에 들어가듯 불편하게 굳어버린 관계 또
한 리모델링이 필요하다. 낡아버린 규칙과 관계 패턴을 점검
하고, 관계 토대가 되는 언행도 돌아봐야 한다. 관계 리모델링
은 크게 두 가지다.

먼저, 대화 패턴의 재설계다. 습관처럼 내뱉는 말 가운데
상대에게 상처를 주는 언행이 있을 수 있다. "제발 밥값 좀 해"
처럼 무심코 던진 말이 관계에 소리 없이 균열을 만든다. 감
정적 스크래치를 줄이는 대화법을 찾아야 한다.

다음은, 규칙의 재설정이다. 효용을 다해 관성만 남은 규칙
을 현재의 상황에 맞게 조정함으로써 생기를 잃어가는 관계

에 숨을 불어넣는 과정이 필요하다. "매달 영화관 가는 대신 넷플릭스를 시청하는 건 어때?" 혹은 "만남의 횟수를 조정해 보자"와 같은 구체적인 제안이 시작이 될 수 있다.

서로를 괴롭게 만드는 관계 구조에서 벗어나려면 먼저 그 틀에서 발을 떼야 한다. 관계가 어긋날지 모른다는 두려움과 변해버린 마음을 바라보는 고통이 따르겠지만, 변화를 거부하는 것은 관계를 지키는 선택이 아니라 오히려 서서히 소진시키는 행위일 뿐이다. 두렵다고 시작조차 하지 않으면 어떤 변화도 일어나지 않는다.

아토 유마 あっという間

2025년 말, 원고 정리를 위해 일본 효고현 산골에 자리한 지인의 집을 찾았다. 1월 1일이 일본 최대 명절이라는 사실을 깨닫고 일정을 변경하려 했지만, 노부부는 "염려 말고 오라"며 이방인을 반겼다. 자녀들 방문을 이틀이나 미루고 나를 위해 고타츠(난방 테이블)까지 내어준 그들의 환대는 조용했지만 결코 가볍지 않았다.

문제는 한국에서부터 달고 간 감기였다. 난방이 여의치 않은 시골집 다다미방에서 밤새 기침 소리가 울렸고, 노부부는 나를 위해 20분 거리의 눈길을 달려 약국에 다녀와야 했다.

"숟가락 하나만 더 얹으면 된다"는 말에도 후미코 상은 끼니마다 정성 가득한 요리를 올렸다. 그럼에도 그들은 별일 아니라는 듯, 불편한 내색 없이 나를 품어주었다.

교토로 떠나는 날 아침, 후미코 상이 찻잔을 내려놓으며 말했다.

"아토 유마(あっという間)네요."

'앗 하는 사이에 지나가 버렸다'는 그 말에는, 내가 머문 시간이 그녀에게도 소중했고 짧았다는 의미가 담겨 있었다. 그리고 이어지는 한마디가 마음속에 파동을 일으켰다.

"장 상 얼굴을 보고 있으면 안심이 돼요."

뜻밖의 말이었다. 내가 아는 나는 까칠하고 예민하며, 때로는 가족조차 편하게 대하지 못한다. 이에 나는 솔직하게 고백했다.

"사실 우리 가족에게 저는 그런 사람이 아닐지도 몰라요."

후미코 상은 고개를 저으며 미소 지었다.

"그래도 우리에게 장 상은 참 상냥하고 친절한 사람이에요."

ⓒ 장동혁

그때 나는 깨달았다. 그들에게 내 인상은 어느 날 갑자기 만들어진 것이 아니라는 사실을. 장을 볼 때 장바구니를 대신 들고, 마트에서 카트를 밀며 그녀 뒤를 따르고, 식사 후 말없이 식기를 옮기던 작은 행동들이 모여 '안심이 되는 사람'을 만든 것이다.

내가 어떤 사람인지는 결국 어떤 말을 남겼고, 어떤 행동을 반복했는지로 드러난다. 관계를 끝까지 쪼개고 나면, 남는 것은 말과 행동뿐이다.

교토로 향하는 기차 안에서 나는 한국에 있는 가족을 떠올렸다. 그들에게도 나는 안심이 되는 사람일까, 아니면 피로와 짜증을 남기는 사람일까. 내가 떠난 뒤 후미코 상은 이틀이나 앓아 누웠고 다나카 상은 통화 내내 코를 훌쩍였다. 관계란 이토록 깊고, 또 이토록 따뜻하다.

내가 끼친 불편함마저 아토 유마라는 아쉬움으로 표현해 주는 사람들이 있기에, 내 삶은 생각보다 아름답다. 그리고 다시금 누군가에게 안심이 되는 사람이 되고 싶다는 용기를 가져본다. 관계의 정원은 거창한 이론이나 조급한 결단으로 가꾸어지지 않는다. 장바구니를 건네 받는 손길과 안부를 묻는 한마디, 말없이 부족함을 채워주는 배려 같은 흔적들이 모여 누군가 편히 머물 수 있는 숲을 이룬다.

이 책을 덮는 당신 곁에도, 힘겨웠던 시간들이 '아토 유마' 처럼 획 지나가버리게 만드는 마법 같은 관계의 정원이 깃들 길 바란다.

Ⅰ. 관계

1. 관계의 구조

관계란 서로 간에 액션(Action)과 리액션(Response)이 오가는 상호작용의 축적으로 형성된다. 시간이 지나며 반복되는 상호작용은 익숙하고 안정적인 상태를 만들고, 여기에 약속, 기대, 의례 등이 쌓이면서 관계는 구조(Frame)가 된다. 구조화된 관계는 초기 관계와 달리 강한 안정감과 결속력을 제공하지만, 동시에 깨기 어렵다는 특징이 있다. 갈등은 주로 가족, 친구, 직장, 동호회처럼 구조화된 관계에서 발생하며, 이러한 관계에서는 상호의존성이 높고, 깊은 의미를 주고받는 상호작용이 일어난다.

* 핵심 메시지: 관계의 구조는 반복과 약속으로 만들어진 안정적인 틀이지만, 그만큼 갈등이 생기면 거기서 빠져나오기 쉽지 않다.

2. 관계의 상태

관계는 시간의 흐름에 따라 다음 세 가지 상태를 오간다.

1) 조화(harmony): 주로 초기 관계

①특징: 새롭게 시작된 관계에 주로 나타나고, 평탄하며 어긋남 없이 잘 맞음 ②행동/태도: 서로를 최대한 배려하고 조심스럽게 접근. 의견을 경청하며 서로의 리듬에 맞춤 ③장점: 만남 초기의 이상적 상태로 서로에게 불쾌감 없이 진행됨 ④ 한계: 경직되고 인위적이며 오래 지속되기 어렵다. 피상적이고 단조로움

2) 평화(peace): 성숙한 관계

①특징: 서로 간에 왕래가 잦고, 긴장이 사라지며 익숙함과 편안함이 생김 ②행동/태도: 서로가 원하는 것을 드러내고

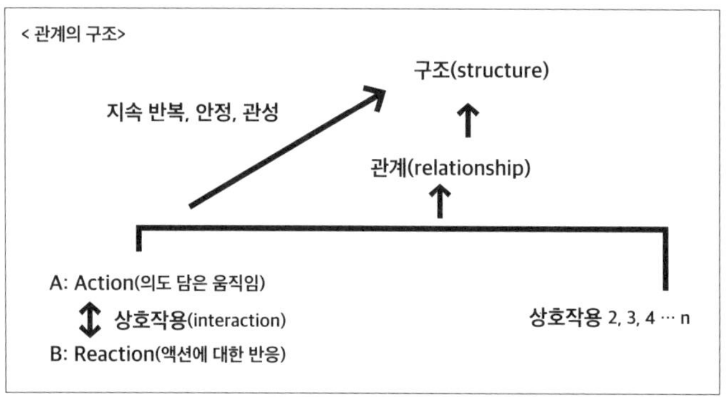

주장하지만 억지로 바꾸려 들지 않고 받아들이며 주고받음이 풍성함 ③장점: 자연스럽고 안정적이며 소통과 협력으로 관계가 유지됨. 생산성과 효율성이 가장 높음

3) 불화(conflict): 위기 관계

①특징: 주장과 요구가 충돌하며 감정적 대립 심해짐 ②행동/태도: 상대방을 탓하거나 변화 요구. 폭력이나 공격이 오가기도 함 ③결과: 해결하지 않으면 관계가 계속 악화되며 비용과 피해 발생함

* 핵심 메시지: ①관계도 세월과 왕래에 따라 변화하며 조화, 평화, 불화의 세 가지 상태로 변화함 ②바람직한 것은 평화로, 회복 탄력성과 생산성 높음 ③공평한 주고받음과 지속적 관리가 평화를 유지하는 열쇠 ④길은 생겼다 사라지기도 하며, 이 세상에 영원하고 절대적인 관계는 존재하지 않음

3. 호모 루덴스(Homo Ludens)

네덜란드의 역사학자 요한 하위징아(Johan Huizinga)가 1938년 출간한 저서 《호모 루덴스》에서 제시한 개념으로, 인간을 '놀이하는 존재'로 규정한 문화 이론의 핵심 개념이다. 하위징아는 인간을 정의하는 기존 범주인 '호모 사피엔스(Homo sapiens: 사유하는 인간)'와 '호모 파베르(Homo faber: 도구를 만드는 인간)'보다 더 본질적인 인간의 특성은 '놀이(ludus)'라고 주장했다. 그는 인간 사회의 많은 제도(법, 스포츠, 정치, 의례, 심지어 학문)가 놀이적 협약에서 출발한 구조를 가지고 있다고 보았다.

* 핵심 개념: 매직 서클(Magic Circle)

하위징아의 중요한 통찰 중 하나는 "놀이는 일상적 현실과 분리된 별도의 세계를 만든다"는 것이다. 이때 놀이가 만들어내는 가상의 경계가 바로 매직 서클(Magic Circle)이다. ①일상 규칙이 잠시 중단되고 ②새로운 규칙과 의미가 부여되며 ③참여자들은 자발적으로 그 규칙을 받아들인다. 이 매직 서클 안에서 인간은 가장 창조적이고 자유로운 상태가 되며, 하위징아는 이를 문화 자체의 원형적 동력으로 보았다. 마찬가지로 인간관계에서도 원칙이나 목표, 이해관계에 지나치게 집착할 경우, 갈등이 발생할 가능성이 높아진다. 갈등 당사자들은 잠시 진지함에서 빠져나와 관계를 게임처럼 바라볼 때 상황이나 규칙을 재해석하는 것이 가능해진다.

4. Vilem Flusser의 게임 이론

철학자 빌렘 플루서(Vilem Flusser)는 인간관계를 하나의 게임 구조로 이해했다. 여기서 게임은 승부를 가르는 경쟁이 아니라 가능성의 장(Field of Possibility) 안에서 서로가 선택하고 응답하며 만들어가는 상호작용의 체계다. 플루서에 따르면, 관계 속에서 우리는 고정된 규칙에 따라 자동적으로 움직이는 존재가 아니다. 관계는 고정된 매뉴얼이 아니라 두 사람이

만들어내는 선택의 흐름으로 구성된다. 게임이 지속되기 위해서는 승부욕이 아니라 ①어떤 규칙이 작동하고 있는지 자각하는 능력, ②필요하다면 그 규칙을 바꾸고 새로운 선택지를 만들어낼 수 있는 능력이 필요하다. 즉, 관계 안에서 작동하는 규칙과 역할을 있는 그대로 수행하는 사람은 수동적 플레이어에 머문다. 반면 규칙을 메타적으로 인지하고 그 틀 밖에서 새로운 패턴을 제시할 줄 아는 사람만이 진정으로 자유롭고 창조적으로 관계할 수 있는 플레이어가 된다.

5. 하버드대 성인발달 연구

1938년 시작되어 지금까지 이어지고 있는, 세계에서 가장 오래된 인간 행복·노화 종단연구다. '하버드의 행복한 노화 연구'로도 알려진 이 연구는 수십 년 동안 참여자들의 삶을 추적하며 '무엇이 건강한 노화를 돕는가'를 탐구해 왔다.

연구 결과는 명확하다. 많은 사람과 폭넓게 연결되는 것보다, 신뢰할 수 있고 따뜻한 관계를 맺는 것이 장수와 웰빙을 예측하는 가장 강력한 변수로 나타난다. 사회적 지위, 유전, IQ보다도 '관계의 질'이 훨씬 높은 영향을 준다는 점이 반복적으로 확인되었다. 또한 감사, 낙관, 희망, 애정 표현 같은 긍정 정서는 노년의 건강과 수명을 지지하는 핵심 심리 자원으로 작용한다. 하지만 이는 단순한 '좋은 마음가짐'의 문제가 아니다.

이 연구는 긍정 정서가 사회적 연결을 강화하고, 건강한 생활습관을 지속하도록 돕고, 스트레스 반응을 조절하여 신체적 손상을 줄이는 등 여러 매커니즘을 통해 실제 생물학적 건강에 영향을 미친다는 것을 보여준다. 즉, 행복은 결과가 아니라 관계와 정서가 매일 만들어내는 하나의 생태계이며, 그 생태계가 건강한 사람일수록 더 행복한 노년을 보내는 것으로 나타났다.

6. 대인동기이론

인간이 관계 속에서 특정 행동을 하는 이유를 내적 동기와 사회적 요구의 상호작용으로 설명한다. 즉, 사람은 혼자서 행동하는 것이 아니라 타인과의 상호작용에서 의미를 찾고, 관계 목표를 달성하기 위해 동기가 작동한다는 이론이다.

1) 관계 지향(Relational Orientation)

①친밀감, 소속감, 신뢰 형성 등 관계 자체를 유지하려는 동기 ②예: 친구와 시간을 보내거나 배려하는 행동

2) 성취 지향
(Achievement/Instrumental Orientation)

①타인과의 상호작용을 통해 목표 달성, 영향력 확보, 사회적 자원 확보 등 도구적 목적을 달성하려는 동기 ②예: 협상, 설득, 팀 프로젝트에서 성과를 내기 위한 행동

3) 자기보호/회피
(Self-protection/Avoidance)

①갈등, 거절, 수치심 등 부정적 결과를 피하려는 동기 ②예: 불필요한 논쟁을 피하거나 민감한 주제를 회피

인간의 모든 사회적 행동은 이 세 가지 동기가 동시에 작동하면서 균형을 이루는 과정으로 이해할 수 있다. 특정 행동이 어떤 동기에 의해 촉발되는지를 분석하면, 관계 갈등, 협력, 설득, 신뢰 형성을 예측할 수 있다.

7. Riane Eisler의 인간관계방식 모델

리안 아이슬러는 저서 《The Chalice and the Blade》에서 인간 사회와 개인 관계를 설명하는 중요한 틀을 제시한다. 그녀의 핵심 주장은 권력 구조가 인간관계의 방식과 문화를 결정한다는 것이다. 아이슬러는 이를 두 가지 상징적 모델, 즉 '잔(Chalice)'과 '칼(Blade)'로 구분해 설명한다.

1) 잔 모델_ 상호존중과 협력의 관계 구조

'잔'은 상호보완·상호존중·협력의 원리를 기반으로 한 관계 방식을 의미한다. 이 모델에서 중요한 것은 대화, 상호 이해, 공동 문제 해결, 상호 책임과 돌봄과 같은 요소들이다. 잔 모델은 힘을 나누고, 권력을 공유하며, 관계를 통해 서로의 가능성을 확장시키는 구조다.

2) 칼 모델_ 위계와 지배의 관계 구조

반면 '칼'은 위계·강압·지배-복종의 구조를 상징한다. 이 관계 방식에서는 경쟁, 힘의 과시, 통제와 명령, 갈등을 통한 우위 확보 같은 요소가 중심을 이룬다. 한

사람이 권력과 자원을 독점할수록 우월한(dominator) 행동이 강화되고, 관계는 상호성보다 통제에 의해 좌우된다.

8. 마르틴 부버(Martin Buber)의 나-너(I-Thou)/나-그것(I-It)이론

부버는 인간이 세상과 타인을 대하는 방식을 크게 두 가지로 구분했다.

1) 나-너(I-Thou) 관계

①상대를 독립된 인격체로 만나는 관계 ②목적이나 수단이 아닌, 존재 자체를 인정 ③이용이나 통제, 분석보다는 마주함(Meeting)이 중심 ④서로가 서로에게 '너'로 경험되는 존재적 만남 ⑤인간과 인간 사이뿐 아니라 자연, 예술, 신과의 만남에도 확장 가능

2) 나-그것(I-It) 관계

①상대를 대상, 도구, 수단으로 취급 ②이용, 분석, 분류, 조작이 가능하며 ③효율, 기능, 성과가 중심 ④상대를 하나의 사물처럼 대하는 관계

* 핵심 메시지: 인간은 두 관계를 모두 경험하지만 삶의 질과 깊이는 나-너(I-Thou)의 순간을 얼마나 경험하는가에 달려 있다. 부버는 이러한 '존재적 만남'이 우리 삶을 풍요롭게 하고, 인간과 인간, 자연, 예술, 신과의 관계 모두에 의미를 부여한다고 보았다.

Ⅱ. 인지

1. 카테고리적 사고(Category Thinking)

카테고리적 사고란 복잡한 정보를 빠르고 실용적으로 처리하기 위해 사물을 단순하게 분류해 버리는 경향을 말한다. 장점은 분명하다. 복잡함을 줄이고, 상황을 정돈하며, 구조를 만들어 신속하게 결정을 내릴 수 있도록 돕는다. 하지만 단점도 크다. 지나친 단순화는 이분법적 사고나 흑백논리로 이어져, 쉽게 극복하기 어려운 심리적 고랑을 만든다. '정상/비정상' 구분이 대표적이다.

우리는 자신의 확신과 부합하면 '정상', 위배되면 '비정상'이나 '이상함'으로 규정하기 쉽다. 그렇게 규정된 정상은 '괜찮은 사람', 비정상은 '다른 세계에 사는 낯설고 위험한 사람'처럼 인식된다.

①이러한 사고는 사회적 맥락에서 특정 집단에 소속되어 정체성을 정의하고, 동시에 타인을 배제하는 방식으로 나타난다. 즉 '우리'와 '저들'을 나누는 것이다. ② 결국 소속을 가르는 데 중요한 것은 사실 그 사람이 누구냐가 아니라, 무엇을 진실로 여기고 무엇을 그렇지 않게 생각하느냐이다. ③이때 '확신'은 강력한 역할을 한다. 개인의 주장과 행동을 밀어붙이게 만드는 동력으로 작용하기 때문이다.

갈등도 주로 서로의 확신이 강조되고 대립하며 일어난다. 확신은 크게 기술적 확신(Descriptive Conviction)과 규범적 확신으로 나뉜다. 기술적 확신은 현실에 대한 발언으로 이론이나 확률로 검증하고 확인하거나 반박할 수 있다. '누구의 생각이 더 있을 법 한가?'에 따라 승패가 갈린다. 반면에 규범적 확신은 '무엇을 어떻게 해야 하는가?'의 문제로, 논쟁으로 결론 짓기가 어렵다.

2. 뇌의 자극 처리 구조와 위계질서

우리 뇌의 외부자극처리 과정은 랜덤 방식이 아니고 위계적 구조가 존재하며 이를 기반으로 Top-down 예측 폭포(top-down predictive cascade)가 작동한다. 뇌의 각 층위는 외부 세계와 대응하며, 상위 수준이 하위 수준의 뉴런 활동을 예측하여 통제하는 방식으로 작동한다.

이러한 위계 구조의 핵심 기능은 바로 예측을 활용해, 외부에서 홍수처럼 밀려드는 감각 데이터의 복잡성을 줄이는 것이다. 즉, 뇌는 모든 정보를 수집하기보다는, 이미 가지고 있는 예측 모델과 가설을 통해 세상을 '미리 추측'함으로써 처리 부담을 낮춘다.

이 관점에서 확신은 인지적 예측(Cognitive Prediction)이라고 볼 수 있다. ①확신은 특정 사건이 왜 일어났는지, 사건들 사이의 관계가 무엇인지, 원인이 무엇인지에 대한 가설의 집합이다. ②이런 가설은 추상화된 예측 모델로서, 우리가 마주치는 복잡한 세계를 단순화하는 데 중요한 역할을 한다.

결국 확신은 우리가 경험하는 다양한 사건을 상위적·전체적 시각에서 연관 지어 파악하도록 돕는 도구다. 복잡한 세상을 해석 가능하게 만드는 장점이 있지만, 동시에 이 확신이 강해질수록 예측은 오류를 수정하기 어려워지고, 새로운 정보가 들어올 여지가 줄어든다는 단점도 있다.

3. 현실의 재구성

우리는 외부 현실을 그대로 받아들이는 것이 아니라 뇌가 재구성한 방식으로 인식한다. 이 과정에서 경험의 관리가 이루어지고, 선택과 집중의 원리가 작동한다. 즉, 환경이 보내는 수많은 신호 중 일부만이 선택적으로 인지되고, 나머지는 걸러진다. 이렇게 걸러지고 각색된 정보는 우리의 주관적 필터를 통과하며 의미가 부여되고, 그 결과를 현실로 인식한다. 다시 말해, 우리가 사실이라 믿는 것들은 결국 뇌가 재구성한 현실에 불과하다. 여기에 감정이 개입되면 과장, 비약, 생략 등이 일어나며 왜곡은 심화된다. 결국 우리가 부르는 현실은 객관적 사실 위에 주관적 의미가 덧입혀진 왜곡된 현실이고, 우리는 이 왜곡된 현실을 사실이라 믿는다.

4. 스태킹 오류(Stacking error)

스태킹 오류란 사건, 판단, 정보 등을 연속적으로 쌓아 올리면서 발생하는 인지적 오류를 말한다. 즉, 각각의 정보나 사건을 독립적으로 평가하지 않고 겹쳐서 해석하거나 누적함으로써 잘못된 판단을 내리는 현상이다.

* 특징과 사례

①여러 단서나 사건을 연속적으로 경험할 때, 과거 정보가 현재 판단에 과도하게 영향을 미침 ②하루 중 작은 실수가 쌓이면서 심리적 부담이 실제보다 훨씬 커진 느낌을 받음 ③자신을 문제 있는 사람으로 일반화하는 경향이 생김 ④종종 확증편향, 귀인오류 등 다른 인지적 왜곡과 함께 나타남

스태킹 오류는 작은 사건이 누적될수록 판단과 감정을 과장하게 만들고, 결과적으로 현실보다 더 부정적이고 부담스러운 경험을 하게 하는 사고의 함정이다.

5. 임포스터 증후군(Impostor Syndrome)

임포스터 증후군은 자신의 성취나 능력을 외부 요인, 운, 타인의 도움 덕분이라고 여기고, 실제로는 무능하다고 느끼는 심리 상태를 말한다. 즉, "나는 사실 잘할 자격이 없는데 사람들이 속고 있는 것 같다"는 느낌이 반복적으로 나타난다.

1) 주요 특징

①객관적 성과(시험, 승진, 프로젝트 성공 등)에도 스스로를 낮게 평가 ②성취를 자신의 능력이 아닌 외부 요인 덕분으로 돌림("운이 좋았던 거야", "다른 사람이 도와줘서 가능했어" 등) ③끊임없는 의심과 불안감 지속 ④완벽주의적 성향 발현: 실

수를 피하기 위해 과도하게 준비하거나 자신을 몰아붙임

2) 발생 요인

①완벽주의 성향, 자기비판 성향 ②경쟁적 환경, 비교 중심 문화 ③높은 기대, 칭찬보다 지적 위주의 양육 환경

임포스터 증후군은 개인의 성취감과 자존감에 큰 영향을 주며, 무의식적으로 자신을 과도하게 몰아붙이는 행동으로 이어질 수 있다.

6. 자기 위주 편향(Self-Serving Bias)

사람들이 자신의 성공과 실패를 해석하는 방식에서 나타나는 인지적 편향을 말한다.

1) 주요 특징

①성공은 자신의 능력, 노력, 성격 덕분으로 해석 ②실패는 운, 환경, 타인 탓으로 돌림 ③자신과 결과를 유리하게 해석하려는 심리적 방어 메커니즘

2) 의미와 영향

①실패로부터 자신을 보호하는 기능이 있음 ②반복되면 책임을 다른 사람에게 전가하는 사람으로 보일 수 있음 ③인간관계와 조직 내 상호작용에서 갈등이나 오해를 유발할 수 있음

7. 구두점 찍기(interpuction)

갈등 상황에서 나타나는 행동과 반응의 악순환을 설명하는 개념이다. 사람들은 자신의 공격적 행동을 단지 상대방의 행위에 대한 반응으로만 인식하고, 스스로가 먼저 자극을 준 측면은 고려하지 않는다. 즉, 갈등의 객관적 원인을 찾기보다 책임 소재를 규명하려고 한다. 서로가 인정하는 원인의 규명 없이, 끝없이 이어지는 "네 탓"식 언사가 반복되는 현상을 바츨라빅(Watzlawick)은 구두점 찍기 문제(Interpunctuation Problem)라고 명명하였다.

* 핵심 메시지: 갈등은 단순히 행동의 연속이 아니라, 각자가 사건의 시작점을 어디에 찍느냐에 따라 악순환이 될 수 있음을 보여준다.

8. 자기충족적 예언

자기충족적 예언은 어떤 사람이나 상황에 대한 기대·믿음이 실제 행동을 변화시키고, 그 행동이 결국 처음의 믿음을 현실로 만들어버리는 현상을 말한다.

* 핵심 메커니즘: 믿음 → 행동 → 결과 → 믿음 강화

1) 믿음(Expectation)

①특정 사람이나 상황에 대해 긍정적 혹은 부정적 기대를 갖는다. ②예: "이 학생은 우수할 것 같다."

2) 행동 변화(Behavior Change)

①그 기대가 무의식적으로 행동을 바꾼다. ②더 많은 관심 ③더 따뜻한 피드백 ④더 많은 기회 제공

3) 결과 발생(Outcome)

변화된 행동 때문에 실제로 성과가 향상

되거나, 반대로 떨어진다. 즉, 기대에 맞는 결과가 발생한다.

4) 믿음 강화(Reinforcement)

이렇게 나타난 결과가 "내 예상이 맞았다"는 확신을 강화하며 예언 구조가 굳어진다.

* 긍정·부정 양면성: 긍정적 기대는 동기, 노력, 성과를 끌어올린다. 부정적 기대는 주의 감소, 차가운 피드백, 기회 축소로 이어져 실제 실패를 유발한다. 이 때문에 자기충족적 예언은 인간관계, 조직문화, 리더십, 교육, 갈등 상황 등 다양한 사회적 영역에서 행동과 성과를 결정짓는 숨은 요인으로 작용한다.

9. 인지 안내자

경험이 관찰과 판단에 영향을 미치고, 다시 행동을 안내하는 심리적 메커니즘을 말한다.

①구체적으로, 경험은 관찰에 영향을 주고(자료 선택, 의미부여), 가정과 추론을 형성하며(확신과 기대), 행동을 결정하게 한다. ②이러한 과정이 반복되면서 세계에 대한 표상으로 굳어진다. 예로서, 개가 무섭다고 생각하는 사람은 개의 입마개만 눈에 띄고, 조심해야 한다고 믿어 피하며, 나중에는 개 이야기가 나오기만 해도 손사래를 치게 된다. ③결과적으로 정형화된 생각은 깨지기 어렵고, 다른 가능성을 고려하지 못하며, 같은 생각과 반응을 반복하게 된다.

* 핵심 메시지: 인지 안내자는 과거 경험이 현재 관찰과 행동을 안내하는 필터 역할을 하며, 무의식적으로 사고를 굳게 만드는 심리적 '안내자'이다.

10. 인지적 분업
(Division of Cognitive Labor)

확증편향(Confirmation Bias)은 개인의 지성에서 오류처럼 보이지만, 집단 토의 상황에서는 효율적 논거 탐색 도구가 될 수 있다. ①모든 사람이 양쪽 주장의 가능한 모든 논거를 검토하기보다 각자 자신의 주장의 논거에 집중하는 것이 더 효율적일 수 있다. ②이를 통해 혼자서는 얻기 어려운 해결 방안이나 아이디어가 만들어진다. ③실제 사례: 워런 버핏의 투자 결정, 위키피디아 편집 방식 등이 이에 해당한다.

* 인지적 분업이 어려운 이유

①의견대립을 부정적으로 인식하는 경향 ②집단 순응 욕구_ 집단이 마치 충동적인 개인처럼 행동 ③공유정보편향(Shared Information Bias)_ "동료가 나보다 이 주제를 더 잘 알 것이다"라는 가정. 이 세 가지 요인이 맞물리면, 아무도 다른 사람의 의견에 질문하거나 토를 달지 않음. 결과적으로 집단 내 지식 활용과 문제 해결 효율성이 떨어질 수 있다.

* 핵심 메시지: 인지적 분업은 각자의 전문적 집중을 통해 집단 지성을 극대화하는 전략이지만, 심리적 편향과 집단 역학

때문에 제대로 작동하지 않을 수도 있다.

Ⅲ. 감정

1. 감정과 스트레스 반응(Stress Response)

기본 욕구는 모든 인간에게 보편적으로 존재하며, 이것이 충족되지 않을 때 결핍·좌절·불안·위협과 같은 감정이 나타난다. 이러한 감정이 고조되면 우리는 생존이 위협받는 듯한 상태에 이르게 되고, 그 위협 경험은 공포나 공황으로 이어질 수 있다. 더 이상 감당하기 어려운 수준에 도달하면 맞서 싸우거나 무기력해져 도피하는 등 다양한 스트레스 반응이 나타난다. 우리가 접하는 모든 상황은 무의식적으로 감정의 관점에서 먼저 평가되며, 내적 검사 과정을 통해 '위협 여부'가 자동으로 감지된다. 이 일련의 반응은 주로 뇌의 변연계, 그중에서도 편도체(Amygdala)와 깊이 관련되어 있다(문용갑, 갈등조정의 심리학, 학지사).

2. 적대 이미지(Enemy Image)

적대 이미지는 갈등이 사실 문제에서 관계 및 심리 문제로 전환되는 과정을 설명하는 개념이다.

①갈등 당사자는 해결해야 할 문제보다는 상대를 공격하는 데 모든 에너지를 집중하게 된다. ②문제의 원인을 복잡하게 분석하기보다, 상대방의 성격이나 성품 때문이라고 단순화하여 인식한다. ③이로 인해 상대를 고정관념적으로 바라보는 심리적 적대감이 강화되고, 갈등 해결 가능성은 낮아진다.

* 핵심 메시지: 적대 이미지는 갈등을 문제 해결이 아닌 공격과 방어의 심리 게임

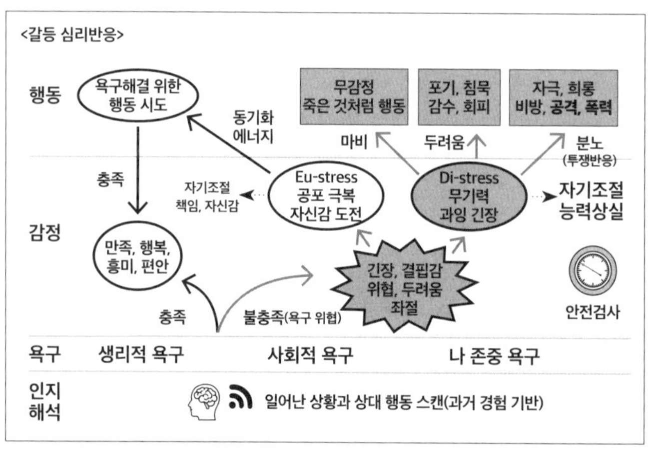

으로 변질시키는 심리적 메커니즘이다.

3. 갈등 상황에서 우리를 막다른 길로 몰고 가는 환상들

갈등 상황에서는 사고가 왜곡되어 문제 해결을 어렵게 만드는 세 가지 심리적 환상이 나타난다.

1) 승패의 환상(Win-Lose Illusion)

①서로 간 차이를 누군가는 반드시 패배하게 될 승부로 인식 ②"내가 패자가 될 수 있다"는 두려움으로 인해 과도하게 승부에 집착 ③갈등을 승패의 게임으로 변형시키며, 협력적 문제 해결을 방해

2) 나쁜 사람 환상(Bad Person Illusion)

①자신의 생각에 부정적 의견을 내는 상대를 꼬투리 잡는 사람, 까칠한 사람, 부정적인 사람 등으로 단순화하여 인식 ②모든 문제의 원인이 그런 특징을 가진 상대방에게서 왔다고 생각 ③상대를 거부하고 배척하려는 심리적 경향 강화 ④실제 문제보다는 상대 인격을 공격하는 데 에너지를 소모

3) 도로 장애물 환상

(Boulder-in-the-Road)

①반대 의견이나 장애물에 부딪힐 때, 더 이상 나아갈 수 없을 것이라는 생각으로 지레 겁먹고 포기 ②문제 해결 의지와 창의적 선택을 억제

* 핵심 메시지: ①갈등 상황에서는 이 세 가지 환상이 동시에 강화되어 문제 해결을 어렵게 만든다. ②파괴적 대립을 막고 협력적 해결로 나아가기 위해서는, 먼저 이 환상을 인식하고 거리를 두며 빠져나오는 전략이 필요하다

4. 억제된 반사작용

영역 다툼 상황에서 동물과 인간에게 나타나는 두 가지 본능적 반응이 있다.

1) 공격 본능

(Agonistic/Offensive Reflex)

①동물이 자신의 영역이 침범되거나 그런 의도가 감지되면 적개심과 공격 본능이 발현 ②동물들은 갈등을 주로 직접적인 공격으로 해결 ③반면에 인간은 직접적인 공격 외에도 회피, 거리 두기 등 다양한 방법으로 대응

2) 억제된 반사작용(Inhibitory Reflex)

①동물들, 특히 반려견의 사례에서 쉽게 관찰됨 ②서로 으르렁거리며 대치하더라도, 싸움이 치명적 수준으로 격화되지 않음 ③이는 억제된 반사작용 덕분 ④예: 한쪽이 배를 드러내거나 꼬리를 내리는 유화적 제스처를 보이면, 상대방의 공격 반응이 억제되어 갈등이 심각한 싸움으로 번지는 것을 방지

* 핵심 메시지: 억제된 반사작용은 갈등 상황에서 치명적 충돌을 예방하는 생물학적 안전장치이다. 인간의 대인관계에서도 유화적 제스처를 통해, 갈등이 격화되지 않고 안전하게 조정되는 메커니즘과 유사하게 작용할 수 있다.

5. 백곰 효과

백곰 효과는 억제하려는 생각일수록 오히려 더 자주 떠오르는 심리현상을 말한다. 공식 이론명은 아이러닉 프로세스(Ironic Process Theory)로, 하버드대 심리학자 댄 웨그너(Dan Wegner)의 연구를 통해 널리 알려졌다.

1) 현상: 생각 억제가 만드는 역설

"백곰을 절대 생각하지 마세요." 이 지시를 듣는 순간, 우리는 의도적으로 생각을 밀어내려 하지만, 시간이 지날수록 그 생각이 더 강하고 더 자주 떠오르게 된다. 왜냐하면 생각을 억제하려 할 때 뇌는 다음과 같은 두 가지 과정을 동시에 돌리기 때문이다.

①억제 과정: '백곰을 생각하지 말자'고 의식적으로 통제

②모니터링 과정: '지금 백곰을 생각하고 있는지'를 점검

문제는 두 번째 과정이다. 생각을 떠올리고 있지는 않는지 확인하려는 순간, 점검 대상인 백곰이 다시 떠오를 수밖에 없다.

2) 언어적 규칙의 함정

우리는 생각을 억제할 때 보통 "○○을 생각해선 안 된다"라는 언어적 규칙을 만든다. 하지만 이 규칙 속에는 이미 '○○'이 포함되므로, 그 규칙을 떠올리는 순간 금지된 대상 자체가 다시 활성화된다.

3) 침투사고(Intrusive Thought)와의 연결

이런 억제-역설 구조는 침투사고(intrusive thought)와 밀접하다. 특히 강박증(OCD) 환자는 떠올리지 않으려는 생각을 더 강하게 밀어내려다, 오히려 그 생각이 폭발적 빈도로 침투하는 어려움을 겪는다.

4) 일상 속 백곰 효과의 사례

①"빨리 잠 들어야 하는데…"라고 생각할수록 더 생생해지는 이유 ②사랑이 끝난 뒤 '잊어야지'라고 마음먹을수록 더 선명해지는 기억 ③발표 전에 '떨면 안 돼'라고 할수록 더 심해지는 긴장

6. 도덕발달이론

'사람이 어떻게 옳고 그름을 판단하게 되는가', 즉 도덕적 사고의 성숙 과정을 설명하는 심리학 이론이다. 대표적으로 피아제(Jean Piaget)와 콜버그(Lawrence Kohlberg)의 이론이 널리 쓰인다.

1) 피아제의 도덕 발달 이론

아이들이 도덕 규칙을 어떻게 이해해 나가는가를 설명하는 초기 이론이다.

- 단계 1: 타율적 도덕성(약 4~7세)

①규칙은 절대적이고, 어른이 만든 것이므로 무조건 따라야 한다고 믿음 ②행동의 결과가 옳고 그름을 결정한다고 생각 ③예: "컵 10개를 우연히 깨뜨린 아이가 1개를 일부러 깬 아이보다 더 잘못했다."

- 단계 2: 자율적 도덕성(약 8세 이후)

①규칙은 사람들 사이의 약속이며 바뀔 수 있다고 이해 ②행동의 의도가 더 중요하다고 판단 ③예: "일부러 1개 깨뜨린 게 더 나쁘다."

2) 콜버그의 도덕 발달 이론

피아제를 확장해 도덕 판단의 성숙을 3수준 6단계로 설명한다. 왜 그렇게 판단하는가에 초점을 둔다.

- 수준 1: 전인습 수준(Pre-conventional) _ 도덕 판단의 기준이 자신의 욕구와 처벌/보상에 있음

1단계: 처벌-복종 단계

①처벌 피하기 위해 규칙을 따름 ②"혼나니까 하면 안 돼."

2단계: 도구적 상대주의 단계

①자신의 이익 위해 행동 ②"나한테 도움이 되면 옳아."

- 수준 2: 인습 수준(Conventional)_ 도덕 판단의 기준이 타인의 기대, 사회 규범, 질서 유지에 있음

3단계: 대인관계 조화(좋은 아이) 단계

①남에게 인정받고 싶어 규칙을 따름 ②"다른 사람들이 좋게 보게 하려고 그렇게 해."

4단계: 법과 질서 단계

①사회 질서를 위해 법과 규칙을 중요하게 생각 ②"법이니까 지켜야 해."

- 수준 3: 후인습 수준 (Post-conventional) _ 도덕 판단의 기준이 보편적 정의·원리, 개인 양심에 있음

5단계: 사회계약 단계

①법이 중요하지만 사회적 합의로 바뀔 수 있음 ②"법은 유익해야 하며, 공정하지 않다면 개정돼야 해."

6단계: 보편적 윤리 원리 단계

①인간의 존엄, 정의, 양심 등 보편 원리를 최우선 ②"옳은 일이라면 법을 어겨야 할 때도 있어."

Ⅳ. 갈등

1. 개인 간 갈등 모델

1) 갈등의 시발점

 - A는 상대 B로 인해 자신의 중요한 관심사가 침해되거나 위협받았다고 인식

 - A는 이 책임을 B에게 전가

 - "B가 다르게 행동했어야 했고, 그렇게 할 수 있었을 것이다"라고 생각

 - A는 B가 그 책임을 정당화할 수 없다고 판단

 - A는 B의 행위를 의도적 권리 침해와 규범 위반으로 간주

단, A가 항상 즉시 B를 비난하거나 사과·보상을 요구하는 것은 아니다. 마음속 부정적 감정이나 피해 경험을 담고 있을 때, 갈등은 잠재적 상태로 존재한다.

2) 갈등의 표출

① A가 즉시 B를 비난하거나 사과·보상을 요구 → ② B가 반응하지 않거나, 무시, 반대 요구를 하면 → ③ 갈등은 겉으로 드러나게 됨

3) 갈등의 심화 또는 해소 조건

갈등은 다음과 같은 경우 중단되거나 해소될 수 있다.

①논리적 설득: A가 주장하는 규범에 대

해 B가 타당한 근거로 논박 ②책임 귀인에 대한 해명: B가 A의 책임 귀인에 대해 정당한 이유로 반박 ③행위 정당화: B가 자신의 행위를 충분히 정당화하여 A를 설득 ④실수 인정 및 사과: B가 실수를 인정하고 A에게 용서를 구함

* 핵심 메시지: ①갈등은 단순히 행위나 사건의 문제가 아니라, 책임 귀인과 규범 판단, 감정의 누적에 의해 발생한다. ②표면적 갈등과 잠재적 갈등을 구분하면, 갈등 관리와 해소 전략을 논리·설득·용서 관점에서 체계적으로 설계할 수 있다(문용갑, 갈등조정의 심리학, 학지사).

2. 갈등 이슈(Conflict Issues)

갈등 이슈란 갈등 당사자들에게 쟁점이 되는 문제를 말한다. 모든 갈등에는 당사자들이 관심을 갖는 세 가지 주요 이슈가 존재한다.

1) 실질적 이슈(Substantive Issue)

①갈등 당사자와 직접 관련된 문제로서 해결되거나 결정되어야 할 사안 ②예: 금전 문제, 취미, 관심사, 생활 규칙 등 ③갈등 상황에서는 서로 다른 입장을 갖는 경우가 많음 ④주로 갈등의 겉으로 드러나는 논쟁거리가 됨

2) 감정적 이슈(Emotional Issue)

①갈등 상황에서 논쟁은 단순한 의견 차이에 그치지 않음 ②감정이 개입되지 않은 의견 교환은 갈등이 아닌 토론에 가깝다 ③감정적 이슈는 갈등의 불을 점화하는 에너지 ④존재 여부에 따라, 상황을 갈등 vs 단순 문제·의견 불일치로 구분할 수 있음

3) 가짜 이슈

(Pseudo-Substantive Issue)

①실질적 이슈인 척하는 가짜 문제 ②종종 무의식적으로 생성되며, 당사자들조차 진짜 문제로 착각 ③표면상의 논쟁이 사실 진짜 중대한 관심사가 아님을 발견할 수 있음 ④체면이나 사회적 요인 때문에 진짜 이슈를 숨기고, 가짜 이슈를 드러내는 경우도 있음 ⑤깊이 있는 대화를 통해 진짜 이슈와 가짜 이슈를 구분하는 것이 갈등 해결의 핵심 단초

3. 갈등의 빙산이론(Iceberg Model)

겉으로 드러나는 언행은 전체 갈등의 극히 일부분일 뿐이고, 그 아래로 감정, 이해관계, 욕구, 가치관의 차이 등의 숨겨진 층위가 존재한다는 이론. 즉, 표면 갈등은 내용(content)문제인데, 실제 갈등은 관계(relation)문제라는 관점. 따라서 빙산의 일각만 보아서는 갈등이 해결될 수 없다. 수면 아래를 바라보는 순간 갈등은 이해, 합의, 치유, 성장의 단계로 연착륙할 수 있다.

4. 갈등고조 9단계(Escalation Ladder, Friedrich Glasl)

사소한 긴장에서 시작된 갈등이 제대로 관리되지 않을 경우, 관계는 긴장 → 말다

툼 → 행동 → 편짜기 → 체면손상 → 위협 → 피해(신체적 상해) → 상대방 제거 → 공멸의 아홉 단계를 거치며 파국으로 향한다. 단계가 올라갈수록 폭력성은 증가하고, 갈등 참여자는 늘어나며, 탈출구는 급격히 줄어든다.

1) 1단계: 긴장(Tension)

①갈등의 초기 신호 ②상대에게 따지고 싶은 마음은 생기지만, 아직은 대화를 통해 해결할 수 있다고 믿는 단계 ③불편한 공기가 형성되지만, 상호 존중의 가능성이 남아 있음

2) 2단계: 말다툼(Debate/Verbal Fight)

①자기주장을 앞세워 상대를 설득하려 들며 입씨름이 벌어짐 ②대화라기보다 우위를 점하려는 언쟁이 됨 ③감정이 개입되기 시작하고, 논점은 흐려진다

3) 3단계: 행동(Action instead of Words)

①"말로는 안 된다"는 판단이 들기 시작 ②공감 능력이 약화되고, 상대에 대한 오해와 왜곡이 커짐 ③상대를 우스꽝스럽게 만들거나, 약점을 들추는 등 언행이 공격적으로 변함

4) 4단계: 편짜기(Coalition Building)

①갈등이 사실 문제에서 관계 문제로 이동하는 결정적 시점 ②해결 의지는 줄고, 승패에 집착하게 됨 ③타인에게 자신의 입장을 정당화하고 도움을 요청하며 세력을 모으기 시작 ④이 단계에 들어서면 갈등은 당사자의 손을 떠나기 시작하며

조정이 훨씬 어려워진다 ⑤가정에서는 자녀가 편짜기에 이용되는 경우가 많다

5) 5단계: 체면손상(Loss of Face)

①상대를 더 이상 신뢰할 수 없다고 보고 공개적으로 비난함 ②약점 폭로, 모욕, 조롱 등 '체면을 깎는 전략'을 사용 ③상대를 '악마화'하며 책임을 전적으로 떠넘김 ④고립, 좌절, 분노가 심각해지는 단계

6) 6단계: 위협(Threats)

①사실 여부와 무관하게 위협과 최후통첩만 남는 단계 ②서로 만들어낸 막다른 골목에 갇혀 일상의 모든 영역에 갈등이 침투 ③벗어나기가 거의 불가능해 보임.

7) 7단계: 피해·신체적 상해(Physical Attack)

①상대는 이제 '관계의 대상'이 아니라 자신을 지키기 위해 공격해야 하는 존재로 간주됨 ②생존을 위협할 정도의 상해도 '정당한 승리'로 여겨짐 ③폭력은 목적이 아니라 '필요한 수단'이 됨

8) 8단계: 상대방 제거(Destruction of Enemy)

①상대를 제거하기 위해 모든 수단을 동원 ②상대가 속한 가족·조직·지지자 등 모든 연결망이 공격 대상으로 확대 ③자기를 희생하더라도 상대를 없애려는 태도까지 등장

9) 9단계: 공멸(Together into the Abyss)

①최종 단계 ②상대를 파괴하겠다는 의지로 인해 자기 파괴까지도 감수 ③"상대

와 함께 죽는 것"이 오히려 마지막 남은 희망처럼 보이는 전면전 상태 ④돌이킬 수 없는 파국

* 핵심 요약: ①갈등이 고조될수록 폭력성은 커지고, 외부인의 참여가 늘어나며, 빠져나올 수 있는 '출구'는 줄어든다. ②특히 4단계 편짜기부터 갈등은 개인의 통제를 벗어나며, 이 단계 이후에는 상담·조정보다는 공권력의 개입이 현실적인 선택이 된다.

5. 갈등 악순환

심리학과 조직·대인관계 연구에서 반복적 갈등이 어떻게 심화되는지를 설명할 때 사용하는 모델이다. 흔히 '인지-감정-반응 순환(Cognition-Emotion-Behavior Cycle in Conflict)'으로 정리되며, 각 단계가 서로를 강화하며 갈등을 확대시키는 구조를 가진다.

1) 인지(Cognition): 해석의 왜곡에서 갈등의 씨앗이 자라난다

갈등은 먼저 상대의 말·행동·표정·의도를 해석하는 과정에서 출발한다. 이때 다음과 같은 인지적 오류가 갈등의 씨앗이 자라난다.

①부정적 귀인: "상대는 항상 나를 나쁘게 본다." ②의도 왜곡: 중립적 행동도 적대적으로 읽힘 ③확대 해석: 작은 실수를 '관계 전체'로 일반화 ④예: "팀장이 내 눈을 피하네 → 분명 나를 싫어하는 거야."

2) 감정(Emotion): 해석이 정서를 자극한다

왜곡된 인지는 곧바로 분노, 불안, 억울함, 좌절감 같은 부정적 감정을 일으킨다. 감정이 계속 쌓이면 그 다음 단계에서의 행동은 더욱 방어적·공격적으로 나타난다.

3) 반응(Behavior/Response): 감정이 행동을 만든다

감정은 아래와 같은 행동으로 표출된다.

①방어적 태도 ②공격적 언행 ③회피와 단절

이런 행동은 상대에게도 다시 부정적 인지를 유발하여, 상대 역시 방어/공격/회피의 행동을 보이게 만든다. 그 결과 갈등은 더 넓게, 더 깊게 번진다.

4) 악순환(Cycle): '부정적 상호작용 루프'의 형성

나의 인지 → 감정 → 행동이 상대의 인지 → 감정 → 행동으로 이어져, 부정적 상호작용 루프(Negative Interaction Loop)가 형성된다.

각 단계에서 왜곡이 강화될수록 갈등은 더 자주 발생하고, 더 빠르게 격화되며 더 오래 지속되는 악순환 구조로 굳어진다.

6. 갈등 대처 스타일

갈등 상황에서 우리는 스트레스에 따른 반응을 보이게 되는데, 그 기준은 '나와 상대 중 누구를 더 중요하게 두는가'에 따라 여섯 가지 유형으로 나뉜다. 먼저 본능적 반응으로는 회피, 경쟁/지배, 복종/순

종이 있다. 이는 외부 자극에 대한 유쾌·불쾌 반응을 기반으로 오랜 시간 동안 습득된 방식이어서 벗어나기 어렵다. 본능의 힘을 넘어 이성으로 갈등에 접근하는 방식에는 타협과 협력이 있다. 타협은 서로 한 발씩 물러서 원하는 것을 나누는 공평한 방식이며, 협력은 그보다 한 단계 더 나아가 함께 모아 '파이를 키우는' 접근이다. 마지막으로, 스스로 해결이 어렵다고 판단될 때는 제3자의 개입을 요청하는 위임이 있다. 위임에는 조정, 중재, 재판 등이 있으며, 뒤로 갈수록 개인의 자율성은 줄어드는 반면 공권력의 개입은 커진다.

7. 갈등해결 황금 규칙

갈등 상황에서 관계를 파괴하지 않고, 갈등이 확산되지 않으면서 자신의 요구와 권리를 교환하기 위해 피해야 할 두 가지 핵심 행위가 있다.

1) 거리두기(Distancing)
①좌절이나 절망감으로 자신을 보호하거나, 상대방에 대한 보복 심리로 대화를 중단하거나 자리를 떠나는 행위(예: 연락을 하지 않거나, 연락을 받지 않기, 일부러 늦게 응답하기) ②거리두기가 필요할 때도 있지만, 기간이 길어지면 관계가 소원해져 원래 상태로 회복하기 어려워진다.

2) 강압하기(Coercion)
①협박, 최후통첩, 위협 등 강압적 방법으로 강요하는 행위 ②목표는 '힘겨루기(Power Play)에서 승리'하려는 것 ③강압은 갈등을 해결하기보다 관계의 손상과 저항을 초래한다.

* 핵심 메시지: 이 두 가지 행위는 관계 회복의 장애물이다. 즉, 거리두기와 강압을 피하는 것은 단순한 행동 규칙이 아니라,

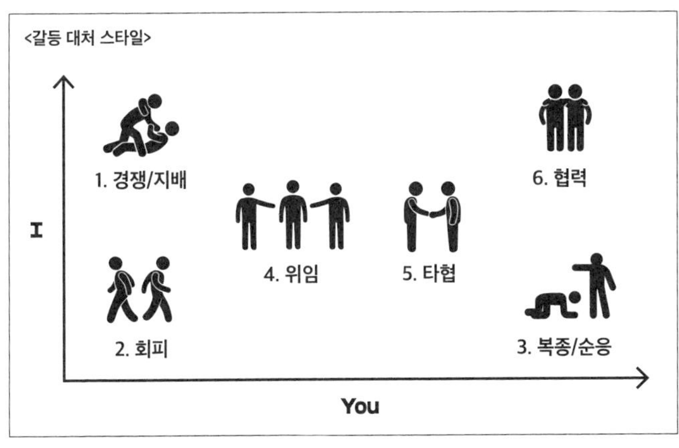

갈등 속에서 관계를 지키는 핵심 원칙이다.

Ⅴ. 커뮤니케이션

1. 커뮤니케이션 마일

의사소통의 어려움을 잘 보여주는 말이 있다. "말했다고 들은 건 아니다." "들었다고 이해한 건 아니다." "이해했다고 동의한 건 아니다." "동의했다고 그렇게 하겠다는 것은 아니다." "그렇게 했다고 계속 그렇게 하겠다는 건 아니다." 이 말들은 나의 요청이 상대방에게 전달되어 실제 행동으로 이어지기까지의 거리와 난관을 여실히 보여준다. 그럼에도 우리는 이 길고 복잡한 과정을 종종 간과한다. 그리고 "내가 몇 번을 얘기해야 해?" "넌 귀도 없어" 같은 말을 아무렇지 않게 내뱉는다. 즉, 커뮤니케이션 마일은 단순히 말과 듣기의 문제가 아니라, 이해와 동의, 실천까지 이어지는 소통의 긴 여정을 상기시키는 개념이다.

2. 유화적 제스처(Conciliatory Gesture)

대립으로 긴장이 고조된 순간에, 상대의 감정을 진정시키고 관계의 균형을 회복하기 위해 건네는 언어적·비언어적 표현을 말한다. 핵심은 '너 대 나'의 구도를 '우리 대 문제'의 구도로 전환하는 신호를 보내는 데 있다.

1) 유화적 제스처의 본질

유화적 제스처는 갈등에서 이기기 위한 전략이 아니라 ①상호 존중의 의지를 드러내고 ②대화를 재개할 수 있는 안전한 공간을 만들며 ③갈등을 공동의 문제로 다루자는 초대를 담고 있다. 이 과정에서 상대에게 나의 약점이나 진심을 드러내는 위험이 따르지만, 바로 그 취약성 자체가 관계 회복의 문을 연다.

2) 대표적 유화적 제스처의 형태

①사과하기: 자신의 행동이나 표현에서 미흡했던 부분을 인정하는 것 ②숨겨둔 욕구·감정 솔직히 드러내기: "사실 나는 너 혼자 갔을 때 괜히 서운했어." ③애정·존경·칭찬 표하기: 관계의 가치와 상대의 긍정성을 상기시키는 방식 ④비언어적 신호: 부드러운 표정, 고개 끄덕임, 한숨이 아닌 '정리된 숨', 손을 내려놓는 행동 등 ⑤중립적 질문: "우리 이 상황을 어떻게 풀 수 있을까?"와 같이 문제 해결의 틀을 여는 질문

3) 주의점과 한계

유화적 제스처는 때로 의도가 애매하게 전달되거나 상대가 알아채지 못해 효과가 약해질 수 있다. 또한 개인의 성격, 갈등의 강도, 관계의 역사, 맥락에 따라 오히려 역효과를 낼 수도 있다. 상황에 따라 조심스럽게 사용해야 한다.

4) 잘 작동할 때의 효과

적절한 유화적 제스처는 ①경계를 낮추고 ②감정적 고조를 완화하며 ③협력적 신호를 교환하게 만들고 ④결국 화해와

관계 회복으로 이어지는 길을 연다. 즉, 한 사람의 작은 내려놓음이 부정적 상호 작용 루프를 끊고, 새로운 긍정적 루프를 만드는 출발점이 된다.

3. 네 개의 귀-입 모델(Four-Sides Model of Communication)

프리드만 슐츠 폰 툰(Friedemann Schulz von Thun)이 1981년 제안한 커뮤니케이션 모델로, 모든 말(메시지)은 동시에 4가지 면(층위)을 갖는다는 이론.

1) 사실 내용(Factual Content): 정보나 사실 자체

2) 자기개시(Self-Revelation/Self-Disclosure): 말하는 사람이 자신에 대해 드러내는 정보 (감정, 생각, 태도 등)

3) 관계(Relationship/Relationship Cue): 화자와 청자의 관계, 화자가 청자를 어떻게 보고 있는지. 어조, 말투, 맥락으로 전달됨

4) 요청/호소(Appeal/Want): 화자가 청자에게 원하거나 기대하는 것 (행동, 반응, 생각, 감정 등)

같은 문장이라도 화자 의도, 수신자 해석, 맥락에 따라 단순한 정보 전달이 아니라 감정의 전달, 관계의 단서, 요구/호소 등을 포함한 복합적인 메시지가 오간다. 이 모델을 토대로 커뮤니케이션을 분석해 보면, 말이나 글에서 오해가 생기는 이유를 설명할 수 있어 불통이나 오해가 생긴 상황에서 유용하게 활용할 수 있다.

4. 바로잡기 반사(Righting Reflex)

상대가 자신의 느낌, 고민, 상황을 말할 때, 우리는 자동으로 '바로잡아주려'는 반응을 보인다. 즉, 상대는 단지 "들어 달라"고 말했을 뿐인데, 듣는 사람은 즉시 다음과 같은 반응을 보일 수 있다. "그렇게 하지 말고 이렇게 해야 해요." "그건 네가 잘못 생각한 거야." "그럴 땐, 이게 정답이야." 이처럼 문제 해결 모드로 들어가는 자동 반응을 바로잡기 반사라고 부른다.

* 문제점: ①표면적으로는 돕는 행동처럼 보이지만, 실제로는 상대의 자율성을 빼앗는다. ②상대는 방어적 태도를 취하거나, 자신의 의견을 더 강하게 주장하거나, 닫힌 태도로 반응할 수 있다. ③"내가 잘못했단 말이야?"라는 식의 심리적 저항을 불러올 수 있다. ④결국 상대는 "나를 있는 그대로 받아주지 않는다"는 느낌을 받게 된다.

* 핵심 메시지: 바로잡기 반사는 상대의 감정과 맥락보다 '고쳐야 할 문제'로 먼저 인식하는 자동 반응이다. 그 결과, 대화는 해결보다는 저항·거리·오해로 이어질 수 있으며, 진정한 공감과 연결을 방해한다.

5. 에코챔버(Echo Chamber)

에코챔버란 '같은 목소리만 메아리치는 공간'을 의미하며, 사람들이 자신과 비슷한 생각·정보·신념만 접하게 되는 환경을 말한다. 주로 온라인에서 두드러지지만

같은 배경을 공유한 사람들이 모인 집단
에서도 발생한다.

1) 특징

①동질적 정보만 반복적으로 노출되고
②다른 의견은 필터링되거나 밀려나며
③같은 의견만 증폭된다. 이 과정에는 알
고리즘, 집단 문화, 심리적 편향이 함께
작용한다.

2) 왜 생기는가?

①사람은 본능적으로 자신이 믿고 싶은
정보를 선호한다. ②비슷한 의견을 가진
사람과 함께 있으면 안전감과 소속감을
느낀다. ③반대 의견은 위협으로 인식되
어 차단하려는 경향이 생긴다.

3) 문제점

① 현실 인식을 왜곡하며 ②다른 의견을
가진 사람을 무지하거나 악의적이라고
단정하게 만들고 ③합리적 대화가 어려
워지고 ④극단적 대립과 사회적 분열을
심화시킨다. 즉, 같은 목소리만 반복되는
환경은 개인과 사회 모두의 사고와 관계
를 제한하는 강력한 힘으로 작용한다.